TrauerReden
Leitfaden für Traueransprachen

Birgit Aurelia Janetzky

Fachverlag des deutschen Bestattungsgewerbes GmbH

Praxisratgeber für Bestatter
Band 5

Herausgegeben von Stephan Neuser

Impressum

Praxisratgeber für Bestatter, Band 5

2. Auflage 2020, aktualisierte Auflage – Düsseldorf: Fachverlag des deutschen Bestattungsgewerbes GmbH

ISBN 978-3-936057- 68-3

Verlag: Fachverlag des deutschen Bestattungsgewerbes GmbH
Cecilienallee 5, 40474 Düsseldorf
Tel.: (0211) 160 08 15
Fax: (0211) 160 08 50
E-Mail: fachverlag@bestatter.de
http:// www.bestatter.de

ISBN 978-3-936057- 68-3

Inhaltsverzeichnis

Danksagung

Mein Dank gilt allen langjährigen und erfahrenen Trauerrednern, mit denen ich in Austausch war und bin, allen voran Frau Dorothea Ruthsatz, eine Pionierin in diesem Beruf. Die vielen Gespräche und ihr kritisches Hinterfragen haben mir geholfen, die Eckpunkte begründet formulieren zu können. Mein Dank gilt auch allen Familien und Trauernden, die ich in den vergangenen 15 Jahren im Abschied begleiten durfte und die mir wertvolle Einblicke in ihre Weise des Abschiednehmens gegeben haben.

Birgit Aurelia Janetzky

1. Einleitung

„Haben Sie ihn gekannt?" Ich werde immer wieder danach gefragt, ob ich mit den Verstorbenen befreundet war. Es macht die Arbeitsweise eines freien Trauerredners aus, dass seine Rede persönlich und auf die Biografie des Verstorbenen bezogen ist. Für Außenstehende entsteht der Eindruck von Vertrautheit.

Doch nicht allein die emotionale Seite der Trauerrede ist entscheidend, es gilt auch den Kontext zu bedenken, in den sie eingebettet ist: Die Bestattungskultur verändert sich. Die kirchliche Begräbnisliturgie hat innerhalb weniger Jahrzehnte ihre Monopolstellung verloren. Mit dem Trauerredner ist ein neuer Beruf entstanden, der seine Wurzeln in der freireligiösen und humanistischen Bewegung hat. Die kirchliche Bindung von Menschen nimmt seit Jahren kontinuierlich ab. In den neuen Bundesländern prägt das frühere politische System der DDR die Art und Weise, wie die Menschen beerdigt werden. Nichtkirchliche Trauerfeiern sind hier die Regel, die kirchliche Beerdigung die Ausnahme.

Die gesellschaftlichen Veränderungen spiegeln sich auf dem Friedhof wider. Menschen leben an einem Ort, arbeiten an einem anderen und verbringen ihre Freizeit irgendwo dazwischen. Menschen verlassen die Region, aus der sie stammen, um in einem anderen Teil des Landes zu arbeiten. Eine Folge der Mobilität ist, dass Familienmitglieder verstreut in unterschiedlichen Gegenden leben.

Ebenso wirkt sich die Tendenz zur Individualisierung auf die Bestattungen aus. Es gibt inzwischen viele Möglichkeiten, zwischen denen ein Mensch wählen kann oder muss. Das betrifft die Möglichkeit, den Verstorbenen entweder in modernen, künstlerisch gestalteten Abschiedsräumen des Bestattungshauses oder in den oft sterilen, weiß getünchten Abschiedsräumen auf dem Friedhof aufzubahren. Die neuen Krematoriumsbauten ermöglichen es, bei der Einäscherung dabei zu sein. Wenn gewünscht, ist die Kaffeetafel im Nachbarraum bereits gedeckt. Bestattet werden kann auf Friedhöfen und in Bestattungswäldern, in Beisetzungskirchen und Kolumbarien, mit immer differenzierteren Grabfeldern und Gestaltungsmöglichkeiten. Menschen verfügen, dass ihr Leichnam für Forschungszwecke genutzt werden kann oder ihre Asche zu einem Diamanten gepresst wird.

Kirchliche Beerdigungen folgen weitgehend einem vorgegebenen Schema, das der kirchlichen Liturgie und den Bestattungsagenden entspricht. Priester, Pfarrer und im Begräbnisdienst ehrenamtlich Tätige werden dementsprechend ausgebildet. Für freie Redner gilt dies nicht. Wer als Trauerredner tätig wird, unterliegt keiner Zulassung. Ohne irgendeinen Nachweis seiner Qualifikation kann jeder seine Visitenkarte beim Bestatter abgeben, auf der „Trauerredner" steht. Die vorliegende Arbeitshilfe will im Dschungel von Anbietern die Spreu vom Weizen trennen.

Kirchliche und konfessionsfreie Reden sind nicht vergleichbar, da sie von zwei unterschiedlichen Konzepten ausgehen. Bei der Beurteilung einer Trauerrede geht es deshalb auch nicht um die Kriterien *‚richtig'* oder *‚falsch'*, sondern darum, wie hilfreich die Trauerrede für die Angehörigen ist. Pfarrer sprechen im kirchlichen Auftrag anlässlich des Todes eines Gemeindemitgliedes. Sie schreiben keine Rechnung für die Begleitung, da ihre Tätigkeit aus den Kirchensteuereinnahmen finanziert wird. Sie arbeiten unter dem Anspruch, die Gemeindemitglieder kontinuierlich zu begleiten. Freie Redner dagegen sprechen im Auftrag der Angehörigen. Sie gehen ein Vertragsverhältnis ein, das auf die Trauerfeier begrenzt ist, und erhalten für ihre Dienstleistung ein Honorar. Sie sehen die Trauernden als Kunden, auf deren Bedürfnisse eingegangen werden muss.

Die kirchliche Feier bietet den Trauernden einen Halt in der Gemeinschaft der Gläubigen an. Sie vermittelt Gottes Wort und vertraut auf die tragende Kraft eines bewährten Rituals, das den Menschen eine neue, spirituelle Perspektive eröffnen soll. Die Trauerfeier ist auch Gottesdienst, der die christliche Verpflichtung „Trauernde zu trösten" lebt. Evangelische und katholische Beerdigungen unterscheiden sich darin, welcher Raum dem persönlichen Lebensweg des Verstorbenen in der Predigt eingeräumt wird. Trauerredner dagegen sind an keine Vorgaben für die Gestaltung und Inhalte einer Trauerfeier gebunden. Anstelle vorgegebener Rituale und Abläufe, fester religiöser Glaubensinhalte und Formen des Trostes müssen sämtliche Elemente mit den Auftraggebern abgestimmt werden. Dies ist im Blick zu behalten, wenn es um die Gestaltung von Trauerfeiern und die Trauerrede geht.

Wenn Sie bereits als Rednerin oder Redner tätig sind, bekommen Sie in diesem Buch Informationen, um noch erfolgreicher Reden zu verfassen und eine Gelegenheit, die eigene Arbeitsweise zu reflektieren. Wenn Sie in den Bereich freier Trauerreden einsteigen wollen oder als Vermittler tätig sind, wie die meisten Bestatterinnen und Bestatter, finden Sie einen Überblick über die grundlegenden Punkte in dem zusammenfassenden Kapitel „Prüfsteine für Trauerreden".

Ganz gleich, an welchem Punkt Sie in der Praxis der Trauerreden stehen: Grundlage jeder guten Trauerrede ist die eigene reflektierte Haltung dem Leben und dem Tod gegenüber. Wer seine eigenen Toten ausreichend beweint hat, wer seine eigenen Ängste gegenüber dem Tod in seine Arbeit mit einbezieht, wer die eigene Lebensgeschichte von der Lebensgeschichte der Kunden trennt, der kann mitfühlend und freundlich Trauernde begleiten. Dies ist keinem Redner in die Wiege gelegt. Professionalität beinhaltet Ausbildung, zumindest streckenweise eine begleitende Supervision und den Austausch mit Kolleginnen und Kollegen, um die eigene Arbeit immer wieder auf den Prüfstand zu stellen. Immer mehr Bestatterinnen und Bestatter erkennen, dass eine konsequente Kundenorientierung bedeutet, sich selbst und die Mitarbeiter zu qualifizieren oder erfahrene und ausgebildete Trauerredner zu beauftragen. Die Trauerfeier ist eine wichtige Zäsur nach dem Tod eines Menschen. Verwandte, Freunde und Bekannte kommen zusammen, um sich vom Verstorbenen zu verabschieden. Dieser Moment ist einmalig, Trauerritual und Trauerrede können nicht wiederholt werden. Nichts ist im Nachhinein wieder gut zu machen. Deshalb sind eine sorgfältige Vorbereitung und eine professionelle Durchführung so wichtig.

2. Trauerfeier und Trauerrede

Die Trauerfeier verstehen wir als Zeremonie zum Gedenken und zur Verabschiedung Verstorbener, in der alle Elemente von der Tageszeit über den Ort, die Kleidung und die Raumgestaltung bis hin zu der verfügbaren Zeit und dem Ablauf wirksam sind. Die Trauerrede ist Teil der Feier, die in die musikalische Gestaltung und rituelle Handlungen eingebunden ist. Die Persönlichkeit des Trauerredners und die Weise, wie er seine Rede gestaltet, tragen somit zum Gelingen der Trauerfeier bei.

Zeit und Raum

Neben Inhalt und Form der Traueransprache spielen Zeit und Raum der Rede eine entscheidende Rolle. Diese Aspekte sind wie ein Gefäß, in dem der Inhalt der Rede seine Wirkung entfalten kann. Die beste Rede erreicht die Trauergäste nicht, wenn das Mikrofon ausfällt oder sie unter Zeitdruck gehalten wird. Aus Sicht eines Friedhofsmitarbeiters gilt eine Trauerrede vor allem dann als „gut", wenn sie den vorgegebenen zeitlichen Rahmen nicht sprengt. Wir müssen im Blick behalten, dass die Ablaufpläne der Friedhöfe und die Arbeitseinteilung der Mitarbeiter gerade in Städten kaum Spielraum lassen. Bestatter, Friedhofsmitarbeiter und Redner geraten unter Zeitdruck und das wirkt sich auf die Angehörigen aus. Die Friedhofsämter müssen die Taktung der Feiern und die Arbeitsabläufe der Mitarbeiter so organisieren, dass ausreichend Zeit zum Versammeln, für Reden sowie für den Umbau und die Gestaltung der Trauerhalle zur Verfügung steht. Es liegt im Verantwortungsbereich des Redners, die Redezeit den Gegebenheiten anzupassen. Als Faustformel gilt: Bei normalem Sprechtempo benötigt ein Redner für 450 Wörter circa fünf Minuten. Bei einer durchschnittlichen Redelänge von rund 1200 Wörtern liegt die Redezeit also bei etwa 13 Minuten. Bei einer Erdbestattung wird die Halle recht schnell verlassen, wenn der Sarg zum Grab geführt wird. Eine Zeitreserve muss eingeplant werden, wenn die Trauergäste in der Trauerhalle am Sarg Abschied nehmen möchten.

Die Gestaltung eines Raumes als Ritualraum hat ebenfalls einen wesentlichen Einfluss auf die Möglichkeit des Abschiednehmens. Trauergäste, die frieren, hören nicht gut zu. Das betrifft nicht nur die Raumtemperatur, sondern jedes Element, das die Menschen ablenkt und verhindert, dass sie sich innerlich sammeln können. Akustik, Helligkeit, Ausstattung und Beheizung der Trauerhalle tragen dazu bei, dass die Menschen sich geborgen fühlen oder frösteln, ob sie den Redner verstehen oder die Worte dumpf oder nachhallend im Raum hängen. Zunehmend werden die privaten Trauerhallen in Bestattungshäusern gebucht, denn sie werden als angenehmer empfunden, sie sind oft moderner und flexibler gestaltet als manche Friedhofshallen. Die Position des Redners wirkt sich ebenso auf den Gesamteindruck aus wie die des Sarges und aller Gestaltungselemente.

Weitaus schwieriger zu gestalten ist eine Rede, die direkt am Grab gehalten werden soll. Mit wenigen Trauergästen soll kein Aufwand betrieben werden oder man möchte sich die Gebühren für die Nutzung der Trauerhalle sparen. Die Angehörigen aber haben nicht im Blick, welche Auswirkungen dies auf die Trauerfeier hat. Der gemeinsame Weg von der Halle zum Grab entfällt, die Akustik im Freien ist wesentlich schwieriger zu kontrollieren als in einem geschlossenen Raum. Bei einer größeren Anzahl von Menschen werden die entfernter Stehenden nichts von der Rede mitbekommen. Dazu kommt, dass älteren oder gesundheitlich eingeschränkten Menschen das längere Stehen am Grab schwer fällt. Die Ablenkung durch Hitze, Kälte, Wind oder Regen ist enorm, und diese wetterabhängigen Bedingungen kann niemand vorher absehen. Je mehr störende Einflüsse die Aufmerksamkeit der Trauergäste auf sich ziehen, desto weniger wirken Ritual und Rede.

Techniken des Vortrags

Freie Redner brauchen Kompetenzen in der Begleitung von Menschen in einer Krisensituation, im Umgang mit dem Tod und religiösen Bedürfnissen und Trauerprozessen, aber auch in Sprache und Literatur sowie im öffentlichen Auftritt. Ein Redner muss dazu in der Lage sein, die eigene Rolle zu reflektieren, muss beziehungsfähig sein, um im Vorgespräch eine vertrauensvolle Beziehung mit den Angehörigen aufzubauen. Er braucht die Gabe, vor Publikum sprechen und sich auf unterschiedliche Zuhörerkreise einstellen zu können.

Worte erzielen eine große Wirkung, wenn sie ausdrucksstark und verbindlich gesprochen werden. Ein Trauerredner, der ohne Manuskript spricht, benötigt eine Ausbildung in der freien Rede und Techniken, um sich an das Wesentliche zu erinnern. Er wird mit der Zeit immer wieder auf feste Texte und Redewendungen zurückkommen und es in Zeiten großer Nachfrage schwer haben, den Verstorbenen und sein Umfeld zu erinnern. Ein sorgfältig vorbereitetes Skript hingegen gibt Sicherheit, sich an Namen, Daten und Lebensgeschichten zu erinnern und so seine Aufmerksamkeit auf die Trauergäste zu konzentrieren. Dabei besteht die Kunst darin, sich vom Manuskript zu lösen, denn ein frei gesprochenes Wort ist ungleich stärker als ein vorgelesenes. Es hat sich bewährt, die Rede einmal vorher laut zu lesen. Komplizierte Satzstrukturen sollten aufgelöst, unverständliche Fremdwörter ersetzt, und ungewohnte Sprechrhythmen bei zitierten lyrischen Texten geübt werden, damit sie während der Trauerfeier flüssig artikuliert werden können. Eine schriftlich ausgearbeitete Rede kann den Angehörigen im Anschluss an die Trauerfeier ausgehändigt werden, so dass sie diese später noch einmal zur Hand nehmen können.

Die Traueransprache wirkt durch ausdrucksstarke Mimik und Körperhaltung des Redners ungleich mehr. Es wird genau darauf geachtet, wie der Redner sich verhält. Jede seiner Körperbewegungen drückt etwas aus. Wo schaut er hin, während die Musik spielt, zum Sarg oder zu den Trauergästen? Steht der Redner am Pult frontal zu den Leuten oder leicht schräg, so dass der Blick auf den Sarg oder die Urne möglich ist? Wie tief und wie lang ist die Verbeugung? Was gilt als angemessen? Ein leichtes Kopfnicken oder das Beugen des gesamten Oberkörpers?

Wer die Sprache seiner Kunden spricht und über die Fähigkeit verfügt, sich emotional auf seinen Kunden und deren Milieu und Sprache einzustellen, wird Menschen in Krisensituationen gut begleiten können.

Rituelle Handlungen

Rituale sind wesentlicher Bestandteil des Abschiednehmens und tragen dazu bei, dass die Trauerfeier als ein besonderer Moment wahrgenommen wird. Aus religionssoziologischer Perspektive ist das Begräbnis umschrieben als Ritual, in dem sich eine Gesellschaft, eine Sippe oder Familie nach dem Tod eines ihrer Mitglieder neu findet. Als Trauerredner muss man sich darüber bewusst sein, dass man Menschen begleitet, die unmittelbar nach dem Tod eines nahestehenden Menschen Ängste ausstehen: Angst, das Leben fortan ohne den Verstorbenen bewältigen zu müssen und die Angst vor der emotional näher gerückten Unwägbarkeit des eigenen Sterbens. Die Möglichkeiten, dies zu bewältigen, müssen zunächst einmal entwickelt werden. Daraus leiten sich für das rituelle Geschehen folgende Funktionen ab:

- Klärung der Beziehung zum Verstorbenen und des neuen Status für die Angehörigen. Eine Frau, deren Mann verstorben ist, gilt nun nicht mehr als Ehefrau, sondern als Witwe;
- Sicherung der Identität der Hinterbliebenen und Ausdruck der Verbundenheit über den Tod hinaus, die sich in dem Satz „Du bist tot, ich lebe und zu meiner Zeit sterbe ich auch." ausdrücken;
- Einbettung der Trauer in einem größeren Rahmen: Der Trauernde erfährt sich unter anderen Menschen mit ähnlichen Gefühlen und Fragen;
- Das Ermöglichen aktiven Handelns in der Trauersituation: Der Verlust wird nicht nur passiv erlitten, sondern im Ritual wird der Trauernde aktiv und zur Handlung fähig;
- Vorgabe eines Rahmens, in dem Gefühle ausgedrückt werden können, ohne dass sie endlos sein müssen: Das Ritual hat einen Anfang und ein Ende, wodurch Trauernde exemplarisch erfahren, dass sie ihre Alltagswirklichkeit verlassen, aber auch wieder in sie zurückkehren können;
- Stärkung der Verbundenheit und Zugehörigkeit zu der Familie, Sippe und zu den Trauergästen.

Es geht im Abschiedsritual also um Beziehungen der Lebenden zu dem Verstorbenen, der Lebenden untereinander und zum Transzendenten. Rituelle Handlungen sind für die Hinterbliebenen wichtig. Tradierte Formen werden aber nicht mehr ohne weiteres verstanden. Deshalb muss der Trauerredner im Vorfeld klären, welche Formen den Abschied in der Begräbnisfeier tragen und erträglich machen. Das kann je nach den regionalen Gegebenheiten oder den persönlichen Vorstellungen der Angehörigen unterschiedlich ausfallen. Dabei ist jedoch entscheidend, dass verstehbare und nachvollziehbare Formen gewahrt werden.

Im Rahmen mancher Feiern entzünden die Trauergäste Kerzen. Nimmt der Redner Teil an diesem Ritual? In einigen Regionen, vor allem in Süddeutschland, steht auch bei nichtkirchlichen Feiern der Weihwasserkessel mit Aspergill (Weihwasserwedel) bereit. Ignoriert der Redner das Gefäß oder besprengt er den Sarg mit Wasser, wie es die Menschen in dieser Region gewohnt sind? Bewegt er sich im Rahmen der kirchlichen Deutung oder deutet er die Handlung um? Ist Raum für individuelle

Rituale der Familie, kann der Sarg noch einmal berührt werden oder können persönliche Dinge mit in das Grab gegeben werden? Die meisten rituellen Handlungen am Grab wurden aufrechterhalten. Mit welchen Worten begleitet der Redner den Erdwurf? Nimmt er die bereitstehenden Blüten ebenso und gibt ihnen eine Deutung? Wann kondoliert er? Wie verabschiedet er sich von den nächsten Angehörigen?

Musterreden oder individuelle Reden

Bei der Formulierung der Traueransprache geht es darum, diese so zu gestalten, dass die Hinterbliebenen mit ihren Bedürfnissen gut aufgehoben sind. Eine Rede bleibt positiv in Erinnerung, wenn sie die Angehörigen durch die emotional belastende Trauerfeier hindurch gut begleitet. Sie ist ein Beitrag zur Trauerbewältigung. Oft erinnern sich die Menschen nicht mehr, was im Einzelnen gesagt wurde, sie nehmen aber wahr, ob der Verstorbene ausreichend gewürdigt wurde.

Es gibt im Großen und Ganzen zwei Ansätze, nach denen Trauerredner Ansprachen erstellen: zum einen die Arbeit mit gekauften Reden oder selbst erstellten Musterreden, in die die Daten des Verstorbenen und der Angehörigen aufgenommen werden; zum anderen mit individuellen Reden, die für jeden Trauerfall neu erstellt werden. Bei individuellen Ansprachen entwickelt jeder Redner im Laufe seiner Tätigkeit ein Konzept, das die Grundelemente einer Rede wie Begrüßung, Einleitung, Persönliches, Allgemeines und Abschluss in einer für ihn bewährten Abfolge enthält. In diese Gliederung fließen vorhandene Überleitungen, Begrüßungsformeln oder Textpassagen als Bausteine mit ein. Die Anzahl möglicher Begrüßungen oder Überleitungen ist nicht unendlich, wenn auch von Redner zu Redner verschieden.

Musterreden sind nach unterschiedlichen Kombinationen verschiedenen Kategorien von Sterbefällen gestaltet. Die drei grundlegenden Kriterien sind Alter, Geschlecht und Umstände des Todes. Es entsteht ein grobes Raster, das zahlreiche Musterreden hervorbringt. Wird das Raster verfeinert mit Kriterien wie Beruf, Familienstand, Gesellschaftsschicht oder religiöser Einstellung, entsteht theoretisch eine so große Anzahl von Möglichkeiten, die mit Musterreden nicht mehr abzudecken ist. Man kann die religiöse Einstellung vom sonstigen Inhalt trennen und in frei kombinierbaren Bausteinen für den Anfang und den Schluss einer Trauerrede unterbringen. Dennoch bleibt die Musterrede eine formalisierte Vorlage. Um Ausnahmen, die nicht in das vorhandene Raster passen, zu vermeiden, werden Aussagen allgemein gehalten. Die Rede wirkt somit oberflächlich, zusammengesetzt und formelhaft. Eine Musterrede ist also dann ungeeignet, wenn auf den Verstorbenen und sein Lebensumfeld konkret eingegangen werden soll. Häufig lässt der persönlichen Hintergrund nur eine individuell erarbeitete Rede zu.

Die Ansprache am Grab, wenn Urne oder Sarg beigesetzt werden, kann hingegen formalisierter gestaltet werden. Stichwortverknüpfungen schlagen den Bogen zur Trauerrede in der Halle. Hier steht weniger das Selbst- und Weltverständnis eines Verstorbenen zu Lebzeiten im Mittelpunkt. Es geht vielmehr darum, die Endgültigkeit zu realisieren und gegebenenfalls unter Verwendung tradierter Elemente eine Beisetzung spirituell einzubetten. Es ist außerdem jedem Bestatter anzuraten, eine solche Redevorlage für den Notfall sowie eine Sammlung von Gedichten, Texten und Gebeten immer im Bestattungswagen mitzuführen, falls der Redner aus nicht absehbaren Gründen ausfällt. Hier eignet sich eine allgemein gehaltene Musterrede, in die einige weniger persönliche Daten eingefügt werden können.

Das Gespräch mit den Angehörigen verläuft entsprechend der Arbeitsweise des Trauerredners. Arbeitet er mit Musterreden, so wird ein möglichst kurzes Gespräch angestrebt, das die Zuordnung der Familie zu einer Musterrede ermöglicht. Vor dem Hintergrund der individuellen Rede werden verschiedene Themengebiete angesprochen, die sich später in unterschiedlicher Gewichtung in der Trauerrede widerspiegeln. Das Gespräch selbst hat einen höheren Stellenwert. Es begleitet die Menschen auf ihrem Trauerweg. Die folgenden Kapitel zu der Gestaltung des Vorgesprächs, der Hilfsmittel und der Elemente für Trauerreden gehen von dem Konzept der individuell erstellten Trauerreden aus.

3. Das Gespräch mit den Angehörigen

Das Gespräch mit den Angehörigen ist die Grundlage für die Trauerfeier. Es beschränkt sich nicht nur auf die für den Trauerredner verwertbaren Informationen für die Ansprache, sondern dient darüber hinaus der Betreuung der Hinterbliebenen in den ersten Stunden nach dem Tod eines nahestehenden Menschen. Klarheit der eigenen Rolle als Trauerredner und Kenntnisse aus den Bereichen der Familiendynamik, der Systemtheorie und der Trauerbegleitung sind also unabdingbar.

Das Vertragsverhältnis

Trauerredner sind anders als Pfarrer einer Gemeinde nicht automatisch zuständig, eine Trauerfeier zu gestalten. Sie werden durch ein Bestattungsinstitut vermittelt und von Angehörigen beauftragt. Mit der Vereinbarung eines Gesprächstermins entsteht ein Vertragsverhältnis. Der Auftrag umfasst, auf einem definierten Friedhof zu einer festgelegten Zeit die Trauerfeier, gegebenenfalls mit anschließender Beisetzung, zu begleiten und eine Trauerrede für einen verstorbenen Menschen zu halten. Der Trauerredner tritt mit seiner Zeit und seinem Engagement in Vorleistung. In vielen Fällen ist es sinnvoll, über diesen Auftrag hinaus weitere Details zu besprechen.

Gehört es zum Umfang der Dienstleistung, bei der Musikauswahl zu beraten, eine Musikanlage mitzubringen, ein Liedblatt zu gestalten oder für die Dekoration zu sorgen? Entstehen weitere Kosten, wenn der Redner nach der Feier zur Einäscherung zusätzlich für die Begleitung der Urnenbeisetzung angefragt wird? Bietet der Trauerredner an, die Menschen weiter zu begleiten? Zu welchen Konditionen? Wichtige Absprachen beziehen sich auf die Höhe des Honorars, die Abrechnungsmodalitäten und die Weitergabe des Redemanuskripts. Um Unstimmigkeiten zu vermeiden, sollten diese Fragen im Gespräch geklärt werden.

Beziehungsaufbau und Vertraulichkeit

In der Regel kommt der Redner als unbekannter Mensch in eine emotional aufgewühlte Familie hinein. Trauernde sind sensibel, ängstlich und daher sehr verletzlich. Der Umgang mit ihnen stellt höchste Ansprüche an die eigene Sensibilität und erfordert die Fähigkeit zur Distanz. Das grundlegende Gespräch behandelt die tabuisierten Themen Tod, Abschied und Trauer, intime Erlebnisse sowie Familienkonflikte, mit denen vertraulich umgegangen werden muss. Wenn Angehörige Vertrauen gefasst haben, geben sie dem Redner Einblicke in ihr Leben, wie sie es ohne Vorlaufzeit bei keinem anderen Menschen tun würden. Der Gesprächsverlauf hängt davon ab, wie es dem Redner gelingt, zuzuhören und eine Beziehung zu den Angehörigen herzustellen. Das Thema der Vertraulichkeit muss im Gespräch offen angesprochen werden. Nicht alles, was hier erfahren wird, findet Eingang in die Traueransprache. Manches soll explizit nicht öffentlich erwähnt werden. Ein Zeichen des Respekts ist es daher, bei besonders heiklen Themen den Stift zur Seite zu legen.

Aus der Praxis

Beispiel 1: Im Gespräch mit der Mutter eines jungen Mannes weicht diese zunächst aus, als ich danach frage, woran ihr Sohn gestorben ist. Schließlich spricht sie aus, dass er an den Folgen einer Aids-Erkrankung gestorben sei und fügt unmittelbar hinzu, dass ich das in der Rede auf keinen Fall sagen solle. Um besser zu verstehen, was ihre Ängste sind, frage ich nach. Sie möchte nicht, dass jemand denkt, ihr Sohn sei schwul gewesen. Das HI-Virus wurde durch eine Bluttransfusion übertragen, die Einzelheiten seiner Krankheitsgeschichte sollen keinen breiten Raum einnehmen. Sie wünscht, dass der Lebenswille ihres Sohnes und seine lebensfrohe Art im Vordergrund stehen.

Viele Themen ergeben sich ganz natürlich im Gespräch, aus dem, was die Menschen erzählen. Andere wiederum kann der Redner erfragen, er tastet sich vorsichtig heran, um ein umfassendes Bild von dem Verstorbenen und der Beziehung zwischen ihm und seinen Angehörigen zu erlangen. Am Ende hat der Trauerredner jedoch nie mehr als Annäherungen, Bilder und Meinung von nahestehenden Personen, die immer von Subjektivität gefärbt sind. Meist findet das Gespräch in der Wohnung des Verstorbenen oder der Angehörigen statt. Man ist zu Gast in fremden Wohnungen und gewinnt zusätzliche Eindrücke durch das Umfeld: Wie hat der Mensch gelebt? Stehen Bücher im Regal? Hatte er eine Sammelleidenschaft? Die vertraute Umgebung vermittelt den Angehörigen außerdem Sicherheit. Erinnerungsstücke, Fotos, Musik oder Texte sind in der Regel direkt zur Hand.

Die systemische Sichtweise

Systemisches Denken ist ein Ansatz, der seit Jahren in der Beratungsarbeit und in der Begleitung von Menschen angewandt wird. Die Erkenntnisse der Systemtheorie und Familiendynamik ermöglichen eine neue Arbeitsweise. Sie helfen, Menschen in ihren Beziehungen zu verstehen und zu begleiten. Mit diesem Hintergrund wird ein Verstorbener in der Trauerrede nicht nur äußerlich anhand seiner

Lebensdaten und Interessen beschrieben. Es zeigt sich, was ihn zutiefst geprägt hat. Ihn nicht nur als Individuum, sondern in dem Beziehungsgefüge der Familie und des Umfeldes wahrzunehmen, hilft, jegliche Wertungen zu vermeiden.

Das System, das jeden Menschen am meisten prägt, ist die jeweilige Herkunftsfamilie, die die Eltern, Geschwister, Großeltern, Onkel und Tanten umfasst. Gründet jemand eine eigene Familie oder lebt in einer Partnerschaft, so gehören Partner, Kinder und Enkel zu seiner Gegenwartsfamilie. In der Arbeit mit Familien und Familiensystemen sind bestimmte Gesetzmäßigkeiten sichtbar geworden:

- Wie zerrissen eine Familie äußerlich auch erscheinen mag, so hat sie doch einen festen inneren Zusammenhalt. Wird ein Familienmitglied ausgeschlossen, bleibt es dennoch als Teil des Familiensystems wirksam.
- Wenn ein Familienmitglied sehr früh verstirbt, hat das eine starke Wirkung auf das Gesamtsystem.
- Wer zuerst da war, sei es als Geschwisterkind oder als Partner, nimmt den ersten Platz ein. Danach folgen die anderen in ihrer chronologischen Reihenfolge. Diese Plätze müssen geachtet werden. Damit ist keine Wertung verbunden.
- Kinder übernehmen im Familiensystem Gefühle von anderen Mitgliedern. Entweder teilen sie starke Gefühle ihrer Verwandten oder sie übernehmen Gefühle, die ihre Verwandten nicht gelebt haben.
- Wie bei einem Mobile gleicht ein Familienmitglied ein entstandenes Ungleichgewicht aus. Diese Dynamik wirkt oft über mehrere Generationen hinweg.

In der Systemtheorie geht man von der Annahme aus, dass Veränderungen in einem Teil des Systems wiederum Veränderungen im gesamten System nach sich ziehen. Der Tod eines Menschen verursacht eine schwere Erschütterung in der Familie. Er konfrontiert die Lebenden mit ihrer eigenen Endlichkeit und wirft alle Pläne durcheinander. Was ihnen Sicherheit in dieser Welt gab, scheint sich aufzulösen. Das gilt vor allem für den engeren Kreis der Familie. In dieser Situation findet die

Trauerfeier statt, in der sichtbar und spürbar ist, wie Lebende und Tote miteinander in einem gemeinsamen, zeitlosen Raum verbunden sind.

Die Trauerfeier kann als Betreten dieses Raumes verstanden werden. Hier begegnen die Lebenden dem Verstorbenen. Unerledigtes kann benannt, Schmerz, Freude, Liebe und Dankbarkeit gefühlt werden. Alle Schuldigkeit hört auf. Wer auf diese Weise Abschied nimmt, lebt sein eigenes Leben mit dem Segen der Verstorbenen. Bildlich gesprochen erleben Menschen, dass der Verstorbene liebevoll auf sie und ihr Leben schaut. Wenn ein Mensch die Erinnerung meidet, weil Ungeklärtes, Unausgesprochenes, Kränkungen und Verletzungen vorhanden sind, stehen diese dem liebevollen Blick im Wege.

In der systemischen Sichtweise stehen nicht nur die Lebenden und der kürzlich Verstorbene im Mittelpunkt. Der Mensch, von dem gerade Abschied genommen wird, ist in besonderer Weise präsent. Innerlich anwesend sind aber in der Familie auch alle anderen Verstorbenen, die zur Familie dazu gehören. Das Familiensystem umfasst Lebende und Tote. Für den Umgang mit Familien und Familiengeschichten ergeben sich daraus folgende Grundsätze:

- Jedes Mitglied gehört in gleicher Weise zur Familie. Jedem gebührt Achtung.
- Die Familie ist wie ein lebendiger Organismus, bei dem jedes Mitglied zählt. Frieden innerhalb der Familie gibt es nur, wenn jedem sein Platz eingeräumt wird.
- Wenn eine noch lebende Person nicht anwesend sein kann, wird dieses Fehlen als schmerzhaft oder spannungsvoll wahrgenommen.
- Alte Konfliktthemen und Verletzungen sowie frühere Todesfälle in der Familie werden in Erinnerung gerufen.
- Das Beziehungsgefüge, gelungene und gescheiterte Beziehungen zu lebenden und verstorbenen Personen müssen gewürdigt werden.
- Neben dem individuellen Verlust und der Trauer einzelner Angehöriger kommt die Bedeutung des Todes eines Menschen für sein gesamtes familiäres Umfeld in den Blick.

Themen wie traumatische Erlebnisse, Alkoholismus, sexueller Missbrauch kommen nicht selten erst zum Ende des Treffens zur Sprache. Der Redner wird zunächst beobachtet, die Angehörigen prüfen, ob er vertrauenswürdig erscheint. Außerdem können die Angehörigen auf diese Weise sicher sein, dass diese Themen zwar zur Kenntnis genommen, aber nicht mehr vertieft werden. Der Redner muss wissen, wie er mit solchen, manchmal nur angedeuteten „emotionalen Sprengsätzen" umgeht. Die systemische Sichtweise wirkt sich aus, wenn es darum geht, wie schwierige Konfliktsituationen und traumatische Erlebnisse in der Trauerrede aufgegriffen werden können.

Konflikte in der Familie

Oft sehen sich Trauerredner nicht nur mit der akuten Trauersituation konfrontiert, sondern auch mit Konflikten innerhalb der Familie, die bereits über längere Zeiträume bestehen. So haben sie es beispielsweise mit dem zweiten oder dritten Ehepartner des Verstorbenen zu tun. Es gibt Kinder aus früheren Beziehungen, und Kinder des jetzigen Partners leben mit im Haushalt. Es existiert kaum eine Familie, in der es keine schwarzen Schafe, keine Kontaktabbrüche oder Konfliktthemen gibt. Wenn ein Familienmitglied stirbt, sind die Menschen mit all diesen Themen konfrontiert. Gewalt zwischen den Eltern kann im Gespräch ebenso zum Thema werden wie Alkoholismus oder psychische Krankheiten. Manches wiederum kann der Redner nur aufgrund des Verhaltens der Angehörigen erahnen. In einigen Fällen erfahren die erwachsenen Kinder erstmals von einem bis dahin wohl behüteten Familiengeheimnis, oder die Trauerfeier ist für Geschwister nach Jahren der Kontaktvermeidung die erste Gelegenheit für ein Wiedersehen. Ein Kind aus einer Scheidungsfamilie trifft zum ersten Mal auf seinen Großvater.

In einigen Familien werden extreme Abhängigkeitsstrukturen sichtbar. Die Ich-Grenzen der einzelnen Familienmitglieder sind verwischt. Jeder ist in die Angelegenheiten des anderen verwickelt. Es gibt keine Grenzen zwischen den Generationen. Die Kinder urteilen über das Leben der Eltern. Die Eltern versuchen Einfluss auf die Entscheidungen ihrer Kinder zu nehmen. Oft stellt sich heraus, dass die Eltern mit der Erziehungsarbeit überfordert waren. Von den Kindern wurde erwartet, dass sie problemlos funktionieren. Autonomes Handeln würde dann das unsichere familiäre System aus dem Gleichgewicht bringen. Ein solches System lässt beispielsweise nicht zu, dass eigene Wünsche an die Trauerfeier formuliert werden können.

Im Gegensatz dazu gibt es Familien, deren Mitglieder kaum miteinander in Beziehung stehen. Sie haben möglicherweise gar keinen Kontakt zueinander, leben nicht nur in großer räumlicher, sondern auch emotionaler Distanz. Sie legen Wert auf Unabhängigkeit und lassen sich von ihren Angehörigen nicht in die Karten schauen. Das führt zu gegenseitiger Vernachlässigung, Konkurrenz und Rivalität. In diesen Familien sind oft nur wenige Informationen über die Großeltern, Onkel, Tanten und deren Familien abrufbar. Ein Kontaktabbruch zwischen Eltern und Kindern oder den Geschwistern untereinander ist keine Seltenheit. Beide Fälle werden im Extrem in der Psychologie als dysfunktionale Familien bezeichnet. Sichtbar werden die schwierigen Familienkonstellationen an Bindungsstörungen, frühen Trennungen und selbstverletzenden Verhaltensweisen.

Je allgemeiner die Aussagen über die Familie in einer Trauerfeier sind, desto unwahrscheinlicher ist es, dass der Redner an die wunden Punkte rührt. Doch in den Menschen gibt es eine oft unbewusste Sehnsucht nach mehr oder gesünderem Kontakt. Angesichts des Todes bedauern Menschen, den Kontakt abgebrochen zu haben, sind mir ihren Schuldgefühlen konfrontiert, wissen oft nicht wie sie den anderen begegnen können. Verdrängte Gefühle brechen auf, Angst, Hass oder die Trauer über einen lange zurückliegenden Verlust. Wenn es zum Tod eines Familienmitglieds kommt, kann die Abschiedssituation nicht vermieden werden. Der aktuelle Verlust lässt ungelöste Konflikte und verdrängte Emotionen wieder aufleben. Der Trauerredner muss sich aber darüber im Klaren sein, dass das Vorgespräch zur Trauerfeier keine Therapie ist und die Trauerfeier keine therapeutische Veranstaltung. Psychologisches Grundwissen, eine kompetente Gesprächsführung und das Wissen um Familiensysteme und Dynamiken innerhalb einer Familie sind dennoch unabdingbar für einen sensiblen Umgang mit den Informationen aus der Familie. Mit diesen Kompetenzen kann der Redner die Sehnsucht nach dem gelungenen Leben und nährenden Beziehungen im Blick behalten, ohne die realen Lebensumstände abwehren zu müssen.

Aus der Praxis

Beispiel 2: Verstorben ist ein Mann um die 60. Gesprächspartnerin ist die Witwe. Anwesend sind ebenfalls die zwei erwachsenen Kinder des Paares. Es stellt sich heraus, dass es bereits die dritte Ehe des Mannes war. Aus der zweiten Ehe gibt es keine Kinder, doch aus der ersten Ehe gibt es einen Sohn. Als ich nachfrage, ob dieser Sohn auch zur Trauerfeier kommt, wird die Witwe ganz ungehalten. Der sei nicht wichtig und spiele auch keine Rolle. Sie verbietet mir, ihn überhaupt zu erwähnen.

Beispiel 3: Verstorben ist ein Mann Anfang 50. Er hat sich früh aus seinem dörflichen Umfeld gelöst und ist in die Großstadt gegangen. Die Eltern sind bereits verstorben, er hat weder Partner noch Kinder. Gesprächspartner sind seine beiden Brüder. Während des Gesprächs war immer von den „drei Brüdern" die Rede. Auf die Frage, ob es noch weitere Verwandte gebe, fallen den beiden noch drei weitere ältere Geschwister ein, die aus der ersten Ehe des Vaters stammen. Zu ihnen bestand nur ein sehr loser Kontakt. Sie sind benachrichtigt, werden aber nicht zur Trauerfeier kommen.

Schwierig sind in Familien nicht die Trennungen und neuen Partnerschaften an sich, sondern wie die Angehörigen mit der Situation umgehen. Während im zweiten Fall die älteren Geschwister problemlos als Teil der Familie in der Rede benannt werden können, muss im ersten Fall der Wunsch der Auftraggeberin respektiert werden.

Über schwierige Themen kann nur öffentlich gesprochen werden, wenn die Angehörigen selbst offen mit den Themen umgehen. Aus der systemischen Familientherapie ist bekannt, dass unter allen Verletzungen und Misshandlungen Kinder mit ihren Eltern in einer tiefen Liebe verbunden sind. Der Redner spricht also in dem Bewusstsein, dass es eine familiäre Bindung gibt, die tiefer ist als alle Vorwürfe und Verletzungen, die sich die Familienmitglieder gegenseitig zugefügt haben. Er bewertet weder das Geschehene noch die Handlungen des Verstorbenen.

Neben den schwierigen Konstellationen treffen Redner natürlich auch auf Familien, die sowohl emotional verbunden sind als auch eine gesunde Autonomie ihrer Mitglieder aufweisen. Sie können gut miteinander kommunizieren, hören sich gegenseitig zu und können eigene Bedürfnisse klar formulieren. Das macht es aber für den Redner nicht unbedingt einfacher. Bei diesen Trauergesprächen sind neben den Familienangehörigen oft Freunde anwesend. Manchmal sitzen bis zu zehn Personen am Tisch, die alle von ihren Erinnerungen erzählen und ihre Vorschläge für die Trauerfeier einbringen. Entscheidungen haben eine längere Vorlaufzeit. Das Gespräch zieht sich in die Länge, weil die Beteiligten miteinander Dinge bereden, die mit der Trauerfeier selbst nur am Rande zu tun haben.

Traumatisierung in der Familie

Heute werden in der Gesellschaft Alkoholismus, sexueller Missbrauch und psychische Krankheiten offener thematisiert. Die Aufmerksamkeit für die Folgen von Gewalterfahrung und einschneidenden Lebensereignissen steigt. So ist es nicht verwunderlich, dass immer häufiger Menschen ihre persönlichen und familiären Belastungen im Trauergespräch offen legen.

In der Alltagssprache ist der Begriff „Trauma" inzwischen eine Art Modewort für die Beschreibung jeder negativen oder leidvollen Erfahrung geworden. Um die Folgen von traumatischen Erlebnissen sinnvoll von anderen Störungen abzugrenzen, wird dieser Begriff in der medizinischen und psychologischen Fachliteratur wesentlich enger gefasst. Körperliche Verletzung wie auch psychische Überforderung werden als traumatisch verstanden, wenn ein Mensch sich durch das Ereignis in seiner Existenz bedroht fühlt und seine vorhandenen Bewältigungsmechanismen überfordert sind. Der damit verbundene Stress wird in dem Moment als nicht zu bewältigen erlebt. Angeborene körperlich-mentale Reaktionsmuster werden aktiviert und später nicht wieder aufgelöst. Der Betroffene verbleibt in einem Zustand aus Schock, Betäubung, Dissoziation (Abspaltung von Erlebnisinhalten und Gefühlen). Er erlebt sich machtlos, sein Urvertrauen und sein Selbst- und Weltverständnis werden dauerhaft erschüttert.

Normale Lebenskrisen, zu denen auch der nicht gewaltsame Tod eines nahestehenden Menschen gehört, wirken sich nicht so massiv auf den Trauernden aus. Ob eine Erfahrung traumatisierend wirkt, hat darüber hinaus viel mit den Bewältigungsmechanismen des betroffenen Menschen zu tun.

Aus der Praxis

Beispiel 4: Am Tisch sitzen die Ehefrau eines verstorbenen Mannes und zwei seiner Kinder mit ihren Partnern sowie seine drei jüngeren Geschwister. Immer wieder kommt die Schwester, eine Frau Mitte 70, auf die Zeit zu sprechen als die Russen kamen. Sie erzählt, dass der Vater mit dem Tod bedroht wurde, sofern er nicht verriete, wo sich seine Frau versteckt hielt. Er teilte das Versteck mit, woraufhin sie vor den Augen des Mannes und der Kinder vergewaltigt wurde.

Die Schwester erzählt von einer Erfahrung, die ihr eigenes Leben geprägt hat. Die anderen anwesenden Familienmitglieder aber schreiben diesem Ereignis keine prägende Rolle für den verstorbenen Mann zu. Die Schwester benötigt die Wertschätzung für ihre Offenheit bei gleichzeitiger freundlicher Wegführung von der traumatisierenden Situation. In eine Rede würde dieses Ereignis allenfalls als „schwierige Kriegszeit" mit einfließen.

Beispiel 5: Verstorben ist eine Frau Mitte 80. Ihre vier Kinder, selbst schon Großeltern, sind meine Gesprächspartner. Die Frau hat eine sehr bewegende Biogra-

phie. Als Sinti wurde ein Großteil der Familie in den Konzentrationslagern der Nazis umgebracht. Sie selbst überlebte, litt aufgrund der Traumatisierung unter schweren psychischen Problemen und wurde nach dem Krieg in der Psychiatrie mit Elektroschocks behandelt.

Bei manchen Schicksalen fragt man sich als Trauerredner, wie man angemessen in wenigen Worten ein solches Leben umfassen soll. Man kann sich daran orientieren, wie die Familie über diese Ereignisse spricht. In diesem Fall hatten die Kinder einen Weg gefunden, mit ihrer Familiengeschichte umzugehen. In der Trauerrede konnte das Schicksal der Verstorbenen angesprochen werden. Am Grab zeigte sich dennoch, wie sehr der Abschied von der Mutter belastet war. Zu viele Verstorbene der Familie kamen bei dem Anblick auf ihr Grab in Erinnerung. Die gesamte Familie stellte sich ungewöhnlich weit weg von Grab auf. Eine Tochter konnte sich nur langsam und mit Unterstützung bis auf zwei Meter dem Grab ihrer Mutter nähern.

Wenn im Gespräch Themen wie der sehr frühe Tod von Eltern oder Geschwistern, Verfolgung während des Krieges, Vertreibung nach Kriegsende auftauchen, ist nicht automatisch von einer Traumatisierung auszugehen. Es ist erstaunlich, wie viele Menschen einen guten Weg finden, mit starken Belastungen in der Familie umzugehen. Sollte es im Gespräch Hinweise auf eine Traumatisierung geben, sind folgende Umgangsweisen hilfreich:

- Traumatische Erlebnisse entwickeln einen emotionalen Sog. Dem Erzählweg traumatisierter Menschen sollte nicht gefolgt werden – er führt zur Lähmung.
- Auf die grausamen Geschichten sollte nicht eingegangen werden, d.h., weitere Nachfragen und Details sollten vermieden werden.
- Von Steve de Shazer, dem Begründer der Lösungsorientierten Kurzzeittherapie, stammt der Satz „Problem Talk creates Problems – Solution Talk creates Solutions." Das Sprechen über Probleme führt zu Problemen – das Sprechen über Lösungen führt zu Lösungen. Der Fokus sollte also im Gespräch nicht auf dem Problem, sondern auf den Ressourcen liegen.
- Für traumatisierte Menschen ist es wichtig, dass sie die Abläufe selbst steuern können und ihnen nicht hilflos ausgeliefert sind. Oft braucht es Zeit, bis sie selbst herausfinden, was ihnen in der Abschiedssituation gut tut.

Den letzten Punkt veranschaulicht Beispiel 6: Anlässlich der Beerdigung haben die Ex-Frau und die zwei erwachsenen Kinder erstmals seit Jahren wieder Kontakt zu dem jetzt verstorbenen Mann. Freimütig erzählen sie von der Gewalttätigkeit des Mannes und vom sexuellen Missbrauch der Tochter. Die Familie hatte sich Distanz verschaffen, indem vor vielen Jahren der Kontakt abgebrochen wurde. Mit der Gestaltung der Trauerfeier ist der Wunsch verbunden, mit ihm und mit der Vergangenheit Frieden zu finden. Die Problematik verdichtet sich bei der Frage, welches Bild von dem Toten neben der Urne stehen soll. Die Ex-Frau empfindet die Urne allein als zu abstrakt, aber die Tochter möchte nicht gezwungen sein, während der ganzen Feier sein Bild anzuschauen. Den (vermittelnden) Vorschlag des Sohnes, ein Kinderbild des Verstorbenen aufzustellen, weist sie als Verharmlosung zurück.

In diesem Fall war ein wichtiger Teil der Begleitung, einen für alle gangbaren Weg zu finden. Die Feier fand im engsten Kreis statt. Die Familie konnte für das, was gut war, danken und den Mann als Ehemann und Vater der Kinder würdigen. Das Schlimme wurde nicht ausgeklammert. Im Trauerfeierraum standen schließlich auf einem Tisch drei Bilder des Mannes: als Kind mit einem Spielzeug im Arm, als junger und als älterer Mann. Der Tisch stand im hinteren Teil des Raumes.

Gesprächsinhalte

Im Gespräch lernt der Redner die Denk- und Sprachgewohnheiten, die Lebensweise und den Horizont seiner Kunden kennen. Im Folgenden werden wichtige Themenbereiche umrissen, die in einem Vorgespräch ihren Platz bekommen sollten. Die Fragen dieses Katalogs dienen als Leitfaden. Der Redner entscheidet, welches Thema gerade wichtig ist und welches er vertiefen will. Gleichzeitig entscheidet er durch die Auswahl seiner Fragen, was er nicht wissen will. Hierbei lautet der Grundsatz „Wer fragt, lenkt". Ob das Gespräch an der Oberfläche bleibt oder in die Tiefe geht, ob die Angehörigen sich trauen, ihre Gefühle zu zeigen, ob ihre Sorgen oder Vorstellungen in Bezug auf die Trauerfeier Raum erhalten, das hängt davon ab, wie offen die Trauernden sind, wonach der Redner fragt und wie er die Fragen formuliert.

Das Sterben

Menschen haben bei einem längeren Krankheitsverlauf des Verstorbenen oft zu Beginn des Gesprächs das Bedürfnis, über den Leidensweg des Verstorbenen zu reden. Sie erzählen detailliert über Diagnosen, Kliniken, Therapien, Erfolge und Rückschläge. Bei einem plötzlichen Tod dagegen steht die Fassungslosigkeit im Raum, die Angehörigen finden kaum Worte, um zu beschreiben, was sie gerade erleben. Die Sprachlosigkeit verstärkt sich, wenn ein Kind gestorben ist, wenn jemand sich selbst das Leben genommen hat oder ermordet wurde. Mögliche Fragen, die der Redner zum Thema Sterben stellen kann, sind:

Wo ist derjenige gestorben?

War jemand bei ihm, als er starb?

Wenn niemand dabei war – wie und von wem wurde der Verstorbene gefunden?

Wie haben die Angehörigen vom Tod erfahren?

Wie haben sie das Sterben erlebt?

Wurde der Verstorbene aufgebahrt und besucht?

Oder ist es noch geplant, am offenen Sarg Abschied zu nehmen?

Ging eine Krankheit voraus?

Wie ist der Verstorbene mit seiner Krankheit umgegangen?

Wie ist es den Angehörigen damit ergangen?

Wie ist der Verstorbene zu Lebzeiten mit dem Altwerden umgegangen?

Wie waren Mobilität und Selbstständigkeit?

Was konnte er noch wie lang?

Wie lange gab es Hoffnung? Ab wann gab es keine mehr?

Wurde über die Möglichkeit gesprochen, dass vielleicht trotz Behandlungen keine Heilung möglich ist?

Hat sich der Sterbende dazu geäußert?

Lebte die Familie im Bewusstsein des nahen Todes?

Was hat der Verstorbene zu Lebzeiten noch geregelt? Was ist offen geblieben?

Wie haben Freunde und Bekannte reagiert?

Die Familie

Die Familie ist der engste Bezugskreis eines Verstorbenen. In der Regel sind die nächsten Verwandten die Auftraggeber für die Bestattung. Die familiäre Verbundenheit ist tiefgreifender als alle anderen Bindungen. Die Familie und die Kindheitserlebnisse prägen die Lebenseinstellung. Hier werden die Grundlagen für die Fähigkeit geschaffen, enge Beziehungen einzugehen und mit widrigen Lebensumständen umzugehen. Wurde später eine eigene Familie gegründet, rückt diese Gegenwartsfamilie ins Zentrum. Im Gespräch spielen nicht nur die anwesenden Familienmitglieder eine Rolle, sondern auch die abwesenden. Mögliche Fragen, die der Redner zur Familie stellen kann, sind:

Wie war die familiäre Situation?

Lebte der Verstorbene mit einem Partner zusammen?

War er ledig, verheiratet, geschieden oder getrennt?

Wer gehört zur Familie, aus der der Verstorbene stammt (Herkunftsfamilie)?

Wer gehört zur jetzigen Familie (Gegenwartsfamilie)?

Was ist über das Elternhaus zu sagen?

Womit verdiente die Familie ihren Lebensunterhalt?

Wie wurden die Kindheit und die Jugend verbracht?

Gab es schwere Schicksale in der Familie?

Welches Verhältnis hatten die Angehörigen zu dem Verstorbenen?

Wie wurde der Verstorbene genannt? Gab es einen Spitznamen?

Wer ist die Hauptbezugsperson des Verstorbenen gewesen?

Wer von den nahen Verwandten ist bereits verstorben?

Wie lange ist das her? Woran sind sie gestorben?

Wie hat der Verstorbene seinen letzten Lebenspartner kennengelernt?

Wie lang waren sie zusammen?

Wann haben sie geheiratet?

Wenn der Partner bereits verstorben war, wie wurde der Verlust verkraftet?

Wie war das Zusammenleben organisiert? Wer hatte welche Aufgaben?

Gab es danach noch weitere Partner, einen neuen Lebensgefährten?

Wie war das Verhältnis zu den Kindern, Enkeln, Urenkeln?

Die Zeitgeschichte

Die Zeitgeschichte bildet den Rahmen, in dem die persönlichen Entscheidungen im Laufe eines Lebens getroffen werden. Am Ende des Gesprächs sollte der Redner zumindest einen groben Überblick über den gesamten Lebensweg des Verstorbenen haben. In der Ansprache geht es nicht um das Vorlesen eines tabellarischen Lebenslaufs oder die historischen Ereignisse an sich. Sichtbar wird, welchen Einfluss zeitgeschichtliche Zäsuren auf grundlegende Weichenstellungen im Lebenslauf des Verstorbenen hatten. In welchem Umfang die Daten aufgenommen werden, hängt von der Gesamtkonzeption der Rede ab.

Zudem sollte der Redner über die Eckdaten der deutschen und europäischen Geschichte Bescheid wissen, ebenso über die geographischen Verschiebungen in Europa im vergangenen Jahrhundert. Häufig benannte wichtige Faktoren sind der Zweite Weltkrieg, die ehemaligen deutschen Gebiete im Osten, deutsche Volksgruppen in anderen Ländern, die Vertreibung nach dem Krieg, der Mauerbau, die zwei deutschen Staaten und die Wiedervereinigung. Mögliche Fragen, die der Redner zu den Lebensdaten des Verstorbenen und seiner Zeitgeschichte stellen kann, sind:

Wann und wo wurde er geboren?

Wo ist er aufgewachsen?

Welche geschichtlichen Ereignisse haben ihn geprägt?

Gab es Wohnungswechsel? Aus welchen Gründen?

Wechselte der Verstorbene die Region? Aus welchen Gründen?

Wie waren Schulbildung, Ausbildung, Studium?

War der Verstorbene (früher) berufstätig?

Was war seine Tätigkeit?

Wie hat sich der berufliche Werdegang entwickelt?

Hat er gerne gearbeitet?

Gab es Erfolge oder Misserfolge?

Wurden die beruflichen Ziele erreicht? Wenn nicht, warum?

Wie wurde eine eventuelle Arbeitslosigkeit verkraftet?

Wie wurde der Wechsel in die Rente bewältigt?

Gab es noch Kontakte zur Firma oder zu früheren Kollegen?

Gibt es irgendwelche Anekdoten, Geschichten, die charakteristisch sind?

Welche beruflichen oder privaten Pläne veränderten sich durch die Krankheit?

Das Umfeld und die Interessen

Jüngere, aktive und engagierte Menschen haben viele soziale Kontakte. In der Regel kommen viele Trauergäste zur Feier. Demnach erhalten die Würdigung dieser Beziehungen und des Engagements einen größeren Anteil in der Ansprache. Mögliche Fragen, die der Redner zum Umfeld und zu den Interessen des Verstorbenen stellen kann, sind:

Wo hat der Verstorbene sich engagiert? Politisch oder in Vereinen?

Sind Auszeichnungen oder Ehrungen vorhanden?

Gibt es Freunde? Aus welchen Kreisen stammen sie?

Wie gestalteten sich die Freundschaften?

Wie hat der Verstorbene seine Freizeit verbracht?

Welche Musik hat er gemocht?

Welche Interessen und Aktivitäten waren wichtig?

Wohin ist er in Urlaub gefahren?

Wer aus der Familie oder dem Freundeskreis hat die Interessen geteilt?

Die Lebenseinstellung

Wie lebt ein Mensch in seinen Beziehungen? Wie bewältigt er Krisenzeiten in seinem Leben? Nach welcher Lebensphilosophie, welchem Glauben, welchen Grundsätzen trifft er Entscheidungen? Wenn ein Mensch mit dem Sterben konfrontiert ist, geraten diese Einstellungen auf den Prüfstand. Erweisen sie sich als tragfähig, unterstützen sie ihn, die herausfordernde Situation in sein Leben zu integrieren. Oft kommen die Angehörigen selbst auf die Themen „Glauben", „Religion" oder „Lebenseinstellung" zu sprechen, wenn sie erklären oder rechtfertigen, weshalb kein Pfarrer die Beerdigung begleitet. Am Ende des Gesprächs fragt der Redner nach der Lebenseinstellung und dem Glauben. Mit diesen Fragen kann er zur Gestaltung der Feier überleiten, ob religiöse Elemente in der Trauerfeier gewünscht werden und wenn ja, welche.

Wie ist der Verstorbene mit schwierigen Lebenssituationen umgegangen?

Hat er sich eher zurückgezogen oder hat er sich mit anderen Menschen ausgetauscht?

Konnte er angebotene Hilfe annehmen?

Welche Rolle spielte der Glaube in seinem Leben?

Woran hat er geglaubt?

Hat sich durch die Krankheit in seinem Glauben etwas verändert?

Gibt es in der Familie religiöse Bindungen und wie zeichnen sich diese aus?

Worin hat der Verstorbene einen Halt gefunden?

Welche Vorstellungen hatte er, was nach dem Tod kommt?

Soll gebetet werden?

Die Trauernden

Da die Trauerfeier eine Hilfe für die Angehörigen ist, mit dem Verlust leben zu lernen, sind auch ihre Einstellung zum Tod und ihre Deutung des Todes wichtig. Die Vorstellungen der Angehörigen decken sich nicht unbedingt mit denen des Verstorbenen. Die Gestaltung der Todesanzeige und Trauerkarte geben in der Regel einen deutlichen Hinweis. Mögliche Fragen, die der Redner über die Situation und Einstellung der Trauernden stellen kann, sind:

Was ändert sich durch den Tod?

Was wird leichter, was schwerer?

Was macht besonders Angst?

Wessen Hilfe wird gesucht oder erwartet?

Hat der Verstorbene schon Weichen für die Zukunft gestellt?

Was machen die Gesprächspartner beruflich? Wie leben sie?

Haben sie Zeit für ihre Trauer und die Situation des Umbruchs?

Was kommt in nächster Zeit noch auf sie zu?

Wer teilt die Lasten mit wem?

Wo suchen sie aktuell Hilfe (Arzt, Psychologe, Selbsthilfegruppe)?

Wie deuten sie selber den Tod des anderen für sich?

Fragetechniken

Wer fragt, gestaltet die menschliche Begegnung. Genauso wie Menschen sich bei ungeschickten Fragen verschließen, werden sie sich bei Fragen, die Wertschätzung ausdrücken, öffnen.

Auf eine **rhetorische Frage** erwartet und bekommt der Fragende in der Regel keine Antwort. Das Ziel der Frage ist nicht, eine Information zu erhalten, sondern eine bestimmte Wirkung zu erzielen. Ein Satz wie *„Machen wir nicht alle Fehler?"* ist die in Frageform gekleidete Aussage *„Jeder Mensch macht Fehler!"*. Sie hat das Ziel, den anderen zu entlasten, wenn er sich oder anderen einen Fehler vorwirft.

Wenn mit Hilfe einer Frage dem Gesprächspartner die Antwort bereits in den Mund gelegt wird, spricht man von einer **Suggestivfrage**. Der Fragende beabsichtigt, für seine Meinung oder seine Idee von dem andere eine Zustimmung zu bekommen. Suggestivfragen werden verwendet, um zu beeinflussen und den anderen zu lenken. Ein Beispiel für suggestives Fragen ist: *„Es wird Ihnen gut tun, wenn Sie es auf diese Weise machen, meinen Sie nicht?"*

Die Fragen des Themenkatalogs für das Treffen mit den Angehörigen umreißen die für eine Traueransprache wichtigen Lebensgebiete. Für den Gesprächsverlauf ist entscheidend, wie diese Fragen formuliert sind. Davon hängt ab, welches „Material" der Redner für die Trauerfeier mitnimmt und welche Fragen in den Angehörigen nachklingen, wenn er wieder gegangen ist. Dass rhetorisch oder suggestiv gestellte Fragen eine bestimmte Absicht haben, ist sofort ersichtlich. Doch jede Frage lenkt bereits in eine bestimmte Richtung. Man kann nicht neutral fragen. Offene und geschlossene Fragen sowie Entscheidungsfragen lassen sich gezielt einsetzen.

Geschlossene Fragen verlangen eine Entscheidung und sind in der Regel mit *ja* oder *nein* zu beantworten. Ein Gespräch kommt jedoch mit dieser Art von Fragen nicht so recht zustande. Diese Frageform ist sinnvoll, wenn es um Entscheidungen geht, die am Ende des Gesprächs getroffen werden sollen. Geschlossene Fragen beginnen mit einem Verb:

> *Wollen Sie, dass ich die Trauergäste am Ende zum anschließenden Kaffeetrinken einlade?*
>
> *Spielen wir also Lied X am Anfang?*
>
> *Haben Sie...*
>
> *Machte der Verstorbene...*
>
> *War der Verstorbene...*

Fragen, in denen zwei (oder mehr) Alternativen gegeben werden, bezeichnet man ebenfalls als geschlossene Fragen. Sie kombinieren in der Regel zwei (oder mehr) Entscheidungsfragen und lassen dem Befragten nur die Möglichkeit, mit einer der angebotenen Antworten (aber nicht mit *ja* oder *nein*) zu antworten:

Hat er sich im Verein engagiert als er noch arbeitete oder erst als er schon in Rente gegangen ist?

Möchten Sie Musik X am Ende der Trauerfeier oder Musik Y?

Zu Beginn eines Gesprächs, wenn es darum geht, die Angehörigen zum Erzählen einzuladen, eignen sich **offene Fragen**. Diese beginnen mit einem Fragewort: *wer, was, wann, warum, wie, wo.* Sie zielen auf bestimmte Informationen, die Angehörigen werden in der Regel von sich aus weitererzählen.

Wer hat ihn in der Zeit der Krankheit gepflegt?

Wo hat er gearbeitet?

Wie viele Enkelkinder gibt es?

Eine andere Möglichkeit ist, Menschen direkt zum Erzählen zu ermutigen.

Bitte erzählen Sie mir...

Ich würde gern eine Vorstellung bekommen von...

Bitte beschreiben Sie, wenn Sie möchten,...

In den Gesprächen ist man immer wieder konfrontiert mit den belastenden Schilderungen einer langen Krankengeschichte oder den irritierenden Erfahrungen mit Ärzten, Pflegepersonal, Nachbarn oder vermeintlichen Freunden. Manches erscheint niederdrückend, erschreckend oder sonderbar. In die Schwere der Situation hinein ist es möglich, Fragen zu stellen, die die Energie der Angehörigen zur Liebe und zur Trauer hinführt. *„Wie haben Sie ihren Mann denn kennen gelernt?"* Diese Frage ruft in der Regel ein Lächeln auf dem Gesicht der Witwe hervor. Sie knüpft innerlich an den Moment an, in dem die Liebe ihr Leben verändert hat.

In der Begegnung dominiert oft die Beschreibung der Trauer, der Hilflosigkeit, der Einschränkungen und der Erschöpfung. Die Kunst besteht darin, diese momentan schmerzhafte und bedrohliche Erfahrung als eine zentrale Lebenserfahrung spürbar werden zu lassen, an der der Trauernde wachsen kann. Der Betroffene darf nicht das Gefühl haben, man nehme seinen Schmerz nicht Ernst oder wolle ihm seine Trauer ausreden. Mit bewusst gestellten Fragen erhält man nicht nur Informationen, sondern bietet den Angehörigen auch eine veränderte Sichtweise an und setzt einen inneren Prozess in Gang, der sie aus den gewohnten Denkschleifen herausführen kann.

„Mein Mann hat sich verschlossen und hat sich geweigert, Besuch von den Freunden zu bekommen." (negative Bewertung des Verhaltens)

Mögliche Frage, die das Verhalten des Mannes umdeutet:

„Wie haben Sie es erlebt, als ihr Mann ganz viel Kraft für seinen inneren Prozess brauchte?"

Mögliche Frage, die die Ressourcen stärkt:

„Wie haben Sie es geschafft, so viele Jahre ihren schwerkranken Mann zu pflegen?"

Mögliche Frage, die ein irritierendes Bild nutzt:

„Was würde er selbst über seine ausgedehnten Ausflüge in das Alleinsein sagen?"

Eine andere Perspektive anzubieten, bedeutet nicht, Schmerz und Trauer abzulehnen, sondern den Blick auch auf andere Aspekte der jetzigen Situation zu lenken.

Das Gesprächsprotokoll

Das Gesprächsprotokoll ist die Grundlage der späteren Ausarbeitung der Ansprache. „Mindmapping" ist eine Methode, die verschiedenen Themenbereiche übersichtlich und strukturiert aufzuzeichnen. Das Genogramm eignet sich dazu, eine Familienstruktur abzubilden.

Hilfsmittel Mindmapping

Die Technik des Mindmapping baut auf den Ergebnissen der Hirnforschung auf. Menschen erinnern sich besser, nehmen mehr Informationen auf und haben diese schneller zur Verfügung, wenn die Informationen mit beiden Gehirnhälften verknüpft sind. Mindmapping spricht gezielt beide Gehirnhälften an, sowohl die eher bildhaft und assoziativ arbeitende rechte Hirnhälfte als auch die eher für die analytischen und logischen Fragen zuständige linke Hirnhälfte. Der Gesprächsverlauf eines Trauergespräches ist in der Regel nicht linear. Man kann nicht einfach einen Fragenkatalog abarbeiten. Zwischen Krankheit und Sterben, Familie, Hobbys, Deutungen des Sterbens und Gestaltung der Trauerfeier springt das Gespräch hin und her.

Mit dem Mindmapping werden die Gedanken nicht fortlaufend untereinander notiert, sondern grafisch dargestellt. Diese Aufzeichnungsart ermöglicht es, bei mehrfachem Wechsel des Themas die einzelnen Informationen zu bündeln und nicht nachträglich sortieren und zuordnen zu müssen. Zusätzlich können Verknüpfungen sichtbar gemacht werden. In einem Fließtext ist ein Teil der Aufzeichnungen für die weitere Verarbeitung der Informationen irrelevant. In der grafischen Darstellung wird bewusst auf überflüssige Füllworte verzichtet. Nur die Schlüsselwörter, mit denen später der Inhalt erinnert wird, werden notiert. Das Hauptthema steht im Zentrum und kann auf einen Blick erfasst werden. Die weiteren Themen sind um das Hauptthema herum angeordnet und durch Äste verbunden. Durch die Verästelungen über zwei bis drei Ebenen werden die Gedanken hierarchisch abgebildet und strukturiert dargestellt. Eine Mindmap offenbart darüber hinaus bisher fehlende Themenbereiche. Durch die bildhafte Darstellung ist leicht zu erkennen, welche Themen bereits ausreichend besprochen wurden und welche vertieft werden sollten.

Zu Anfang braucht es etwas Übung, um sich von der gewohnten linearen Denkweise auf die assoziativ bildhafte Weise, Informationen zu verarbeiten, umzustellen. Angehörige können kurz irritiert sein, denn auch für sie ist diese Aufzeichnungsart ungewohnt. Doch Mindmapping spart Zeit beim Notieren und in der Vorbereitung der Ansprache.

Abbildung 1: Beispiel für eine Mindmap-Struktur

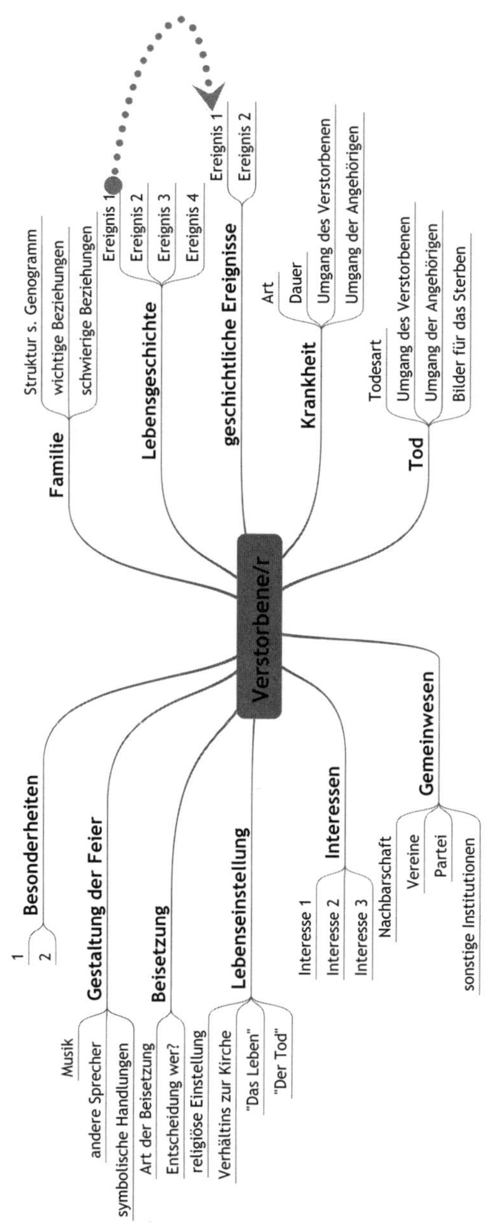

Abbildung 2: Beispiel für ein Mindmap aus einem Vorgespräch

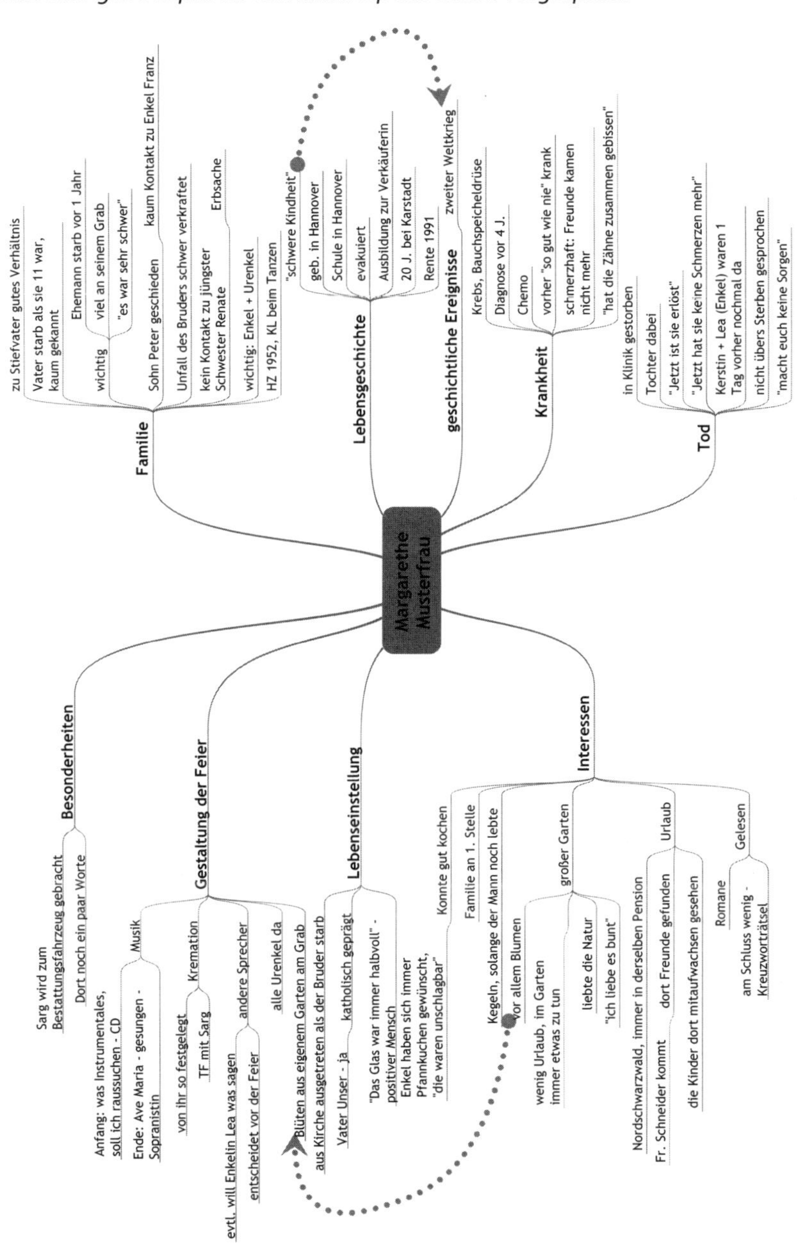

Hilfsmittel Genogramm

Mit Hilfe eines Genogramms lässt sich die Struktur einer Familie übersichtlich darstellen. Sowohl lebende als auch verstorbene Familienmitglieder kommen in den Blick. Mit dem Genogramm wird in vielen sozialen Arbeitsfeldern gearbeitet, vor allem in der Familienforschung, der Medizin, der Psychotherapie und der Sozialarbeit. Je nach Erkenntnisinteresse werden verschiedene Daten erfragt und im Genogramm Verbindungen wie gesundheitliche Risiken, Namenshäufungen, emotionale Bindungen oder Konfliktstrukturen dargestellt.

Das Genogramm besteht aus einfachen Symbolen, von denen jedes für ein Familienmitglied steht. Für Männer wird ein Quadrat verwendet, für Frauen ein Kreis. Mit verschiedenen Linien und Kennzeichnungen werden die Generationen und die Beziehungen in der Familie übersichtlich dargestellt. So ist auf einem Blick die Reihenfolge der Geschwister ersichtlich, wer verheiratet oder geschieden ist oder wer mit wem zusammen lebt. Die chronologische Reihenfolge wird auf einer Ebene von links nach rechts dargestellt. So stehen die ältesten Geschwister links, die jüngsten rechts. Bei dem Symbol werden Name sowie Geburtsdatum oder Alter, gegebenenfalls auch das Todesdatum und die Todesursache notiert.

Anders als in der Therapie oder Familienberatung wird für die Trauerrede das Genogramm nur als Instrument der Darstellung der Familienstruktur verwendet, nicht zur Deutung der Beziehungen in der Familie. Manchmal lenken jedoch die Informationen den Blick auf ein Ereignis, das für den Verstorbenen sehr prägend war (früher Tod eines Elternteiles oder frühe Trennungen). Wie dieses Ereignis sich auf den Verstorbenen ausgewirkt hat, kann dann im Gespräch weiter erfragt werden.

Für die Trauerrede müssen nicht alle Daten vollständig erfasst werden, sondern nur die, die wichtige Informationen in Bezug auf den Verstorbenen darstellen. Sinnvoll ist das Alter der Kinder, ob, wann und auf welche Weise jemand aus der näheren Familie bereits verstorben ist. Vor allem bei sogenannten Patchworkfamilien hilft das Genogramm dabei, nicht den Überblick zu verlieren und in der Traueransprache niemanden zu vergessen, der begrüßt oder erwähnt werden muss. Diese Namen können später farbig markiert werden.

Für einen besseren Überblick sorgen zwei Grafiken: auf der einen Seite eine für die Herkunftsfamilie mit Eltern, Geschwistern, eventuell deren Partner und Kinder; auf der anderen Seite eine für die Gegenwartsfamilie mit Partner und den eigenen Kindern, Enkeln und Urenkeln. Auf einem Blick ist ersichtlich, wer lebt und wer schon verstorben ist. Wie viele Partner, Trennungen, Kinder, Enkel oder Urenkel es gibt und mit welchen schweren Schicksalen in der Familie der Verstorbene umgehen musste (früher Tod von Eltern oder Geschwistern, Verlust eines eigenen Kindes, Unfalltote oder Suizide).

Üblicherweise werden beim Genogramm bestimmte Zeichen und Ordnungsprinzipien verwendet (angelehnt an Goldrick/Gerson 2000):

- Personen einer Generation sind auf einer Ebene dargestellt;
- ein Kreis steht für eine weibliche, ein Quadrat für eine männliche Person;
- Geburts- und eventuelles Todesdatum kann man neben, das Lebensalter in das Symbol schreiben;
- verstorbene Personen werden durch ein diagonales Kreuz markiert;
- die aktuell verstorbene Person wird durch einen zusätzlichen Kreis oder ein zusätzliches Quadrat markiert (Fokus);
- verheiratete Paare sind mit einer Linie verbunden;
- unverheiratete Paare sind mit einer gestrichelten Linie verbunden;
- bei einer Trennung wird die Linie mit einem Schrägstrich unterbrochen;
- bei einer Scheidung wird die Linie mit zwei parallelen Schrägstrichen unterbrochen;
- wesentliche Informationen zu einer Person werden in Stichworten neben den Symbolen vermerkt (z.B. eine Behinderung oder akute schwere Erkrankung).

Abbildung 3: Legende Genogramm

Für die Darstellung im Genogramm werden folgende Symbole verwendet:

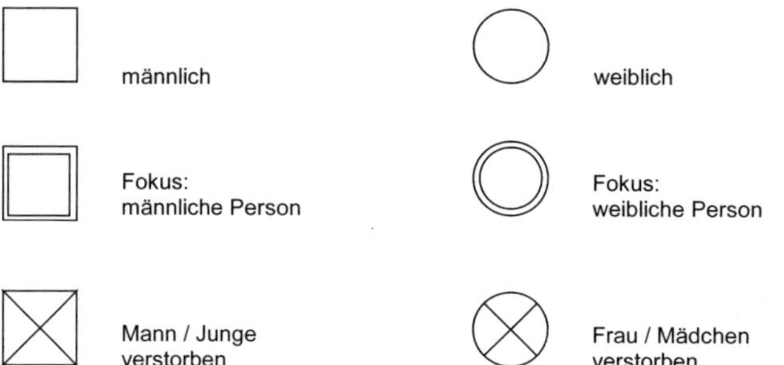

Mit Geburtsdatum / Todesdatum:

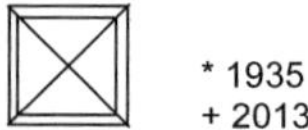

Bei Paaren wird der Mann links, die Frau rechts gezeichnet:

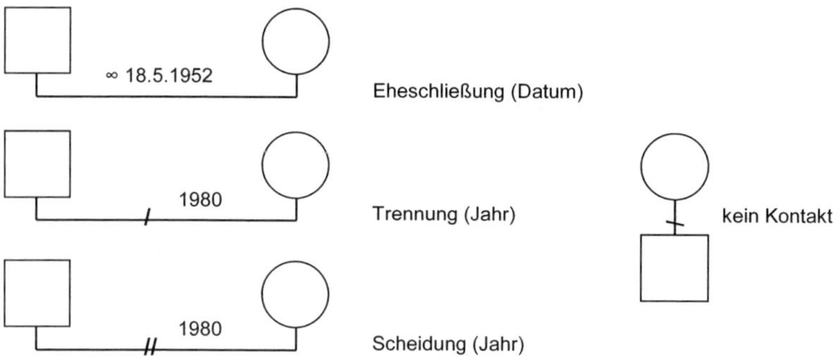

Kinder werden in der Reihenfolge der Geschwister gezeichnet (ältestes Kind links):

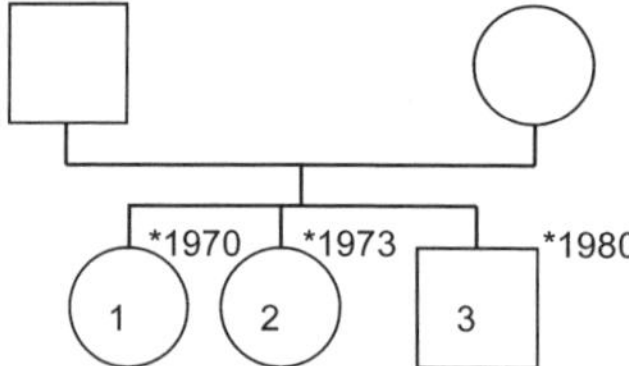

Abbildung 4: Beispiel eines Genogramms aus einem Gespräch

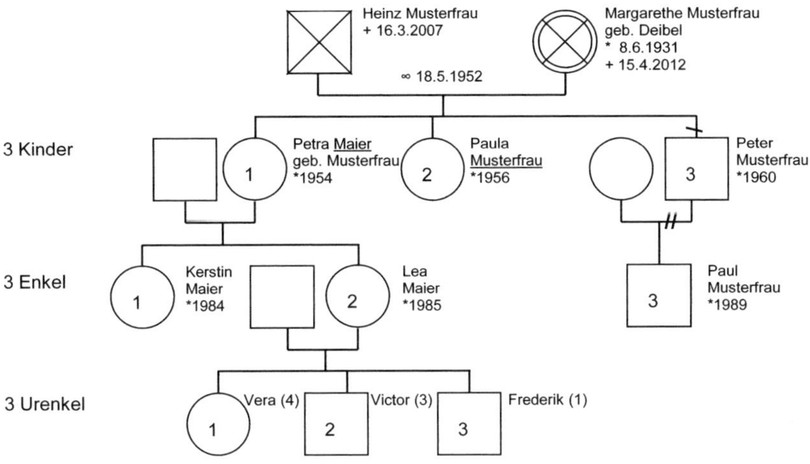

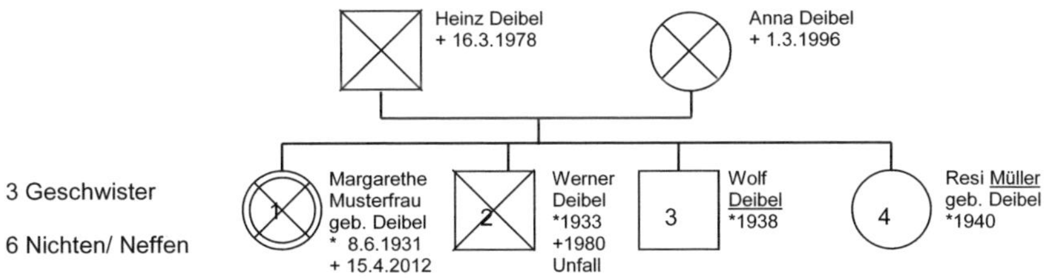

4. Trauerreden verfassen

Die Trauerrede entsteht auf Grundlage des Gesprächs mit den Angehörigen. Neben dem Aufbau spielen Sprachstil und verwendete Stilelemente eine große Rolle. Konkrete Beispiele für Formulierungen helfen, die Rede abwechslungsreich zu gestalten. Einen persönlichen Charakter erhält die Ansprache, wenn Vorlagen von Angehörigen, Liedtexte, Gedichte, Prosa oder öffentlich zugängliche Informationen passend eingebettet werden.

Aufbau von Trauerreden

Modelle für den „richtigen" Aufbau von Trauerreden beschneiden zwar die mögliche Vielfalt, wichtig ist jedoch, dass die Rede bestimmte Grundelemente enthält und durch bewusste Überleitungen und Stichwortverbindungen ein durchdachtes Ganzes ist. Sie hat einen Beginn, der die Aufmerksamkeit weckt und den Kontakt herstellt. Sie hat einen Hauptteil, in dem vor allem die lebensgeschichtlichen Aspekte Platz haben. Und einen Schluss, in dem der rote Faden mündet und der einen Zielsatz enthält. Lebende und Tote, Leben und Tod, Allgemeingültiges und Individuelles – die Rede muss ausgewogen zwischen diesen Bereichen vermitteln.

Einer Rede, die lediglich aus bunten und zusammenhanglosen Aussageketten besteht, kann der Zuhörer nicht folgen. Die Ansprache braucht eine nachvollziehbare Gliederung und einen durchgehenden roten Faden. Mit ihr nimmt der Redner die Anwesenden an die Hand und führt sie durch die emotional belastende Situation. In viele Reden wird versucht, die Gliederung durch die Daten des Lebenslaufs herzustellen. Redner bekommen immer wieder die tabellarischen Lebensläufe aus Bewerbungsunterlagen in die Hand gedrückt. Was für eine Bewerbung gut sein mag, ist für die Traueransprache ungeeignet. Für ferner stehende Trauergäste ist die Aneinanderreihung der einzelnen Lebensstationen vielleicht erhellend, die Familie kennt aber diese Details bereits. Wichtiger als die chronologische Ordnung von der Geburt bis zum Tod ist die inhaltliche Ordnung der Themengebiete. Anhand von markanten Eckdaten wird die Bedeutung einer Lebensphase herausgearbeitet. Daraus ergibt sich eine Art innerer Biografie.

Elemente im Aufbau sind:

- namentliche Begrüßung der Familienangehörigen und besonders nahestehender Menschen;
- Aufgreifen des Erlebens und der Gefühle der Trauernden;
- Würdigung der individuellen Lebensgeschichte des Verstorbenen;
- Einbettung des Lebens in einen größeren Zusammenhang mit Aussagen über das Sterben und den Umgang mit dem Tod;
- Zusammenfassung der wesentlichen Gedanken;
- der Blick in die Zukunft;
- Zielvorgabe: Wem will ich was wie sagen?
- Das Sprechen von Gebet oder Segen, soweit dies von den Angehörigen gewünscht wird;
- Einbinden der Vorlagen von Angehörigen, Zitate aus dem Vorgespräch, Gedichts- und Prosatexte, Liedtexte (näheres dazu in Kapitel 4.4.).

Über dem gesprochenen Wort hinaus ist im Aufbau der Rede die Stille wichtig. Manchmal ist es schwer, Worte zu finden, geschweige denn die "richtigen". Es gibt keine Worte für das Unsagbare. Es gibt nichts zu tun angesichts des Unbegreiflichen. Dann bleibt nur, die Grenze der Welt zu benennen, der Sprachlosigkeit eine Stimme zu geben und der Ohnmacht einen Raum. Das Unaussprechliche ist im Schweigen anwesend. Jedes Wort wäre zuviel und würde vom Erleben wegführen. Mögliche Einleitungen sind:

Ich lade Sie zu einer Zeit der Stille ein...

Lassen Sie uns gemeinsam für einige Momente schweigen und in diesem Schweigen...

In diesem Sinne bitte ich Sie, N.N. in Stille zu gedenken oder ein stilles Gebet für ihn zu sprechen.

Menschen sind es kaum noch gewohnt, über einen längeren Zeitraum hinweg zu schweigen. Anfang und Ende der stillen Zeit müssen daher durch einleitende und abschließende Worte oder einsetzende Musik eindeutig markiert werden. Das Schweigen ist frei von jedem anderen Reiz. Sowohl Musik oder eine Diashow im

Hintergrund nehmen der Stille die Kraft. Schweigen schafft einen Raum, den inneren Dialog mit dem Verstorbenen fortzusetzen und Ungeklärtes zu einem Ende zu bringen. Vor dem Gang zum Grab oder am Grab dient das Schweigen dazu, dass die Menschen sich innerlich sammeln können. Es ist ein Zeichen der Achtung des Verstorbenen und der Demut angesichts des Todes.

Sprachstil und Stilmittel

Das gesprochene Wort ist flüchtig. Die Trauergäste hängen oft innerlich ihren eigenen Gedanken und Gefühlen nach. Besser aufzunehmen, kürzer und interessanter wird die Rede, wenn sie nach den folgenden wichtigen formalen und sprachlichen Gesichtspunkten gestaltet ist:

- kurze prägnante Sätze;
- jeder Satz sollte nur einen Gedanken enthalten;
- mehr Haupt- als Nebensätze;
- Nebensätze hinten platzieren;
- keine Schachtelsätze;
- Modewörter vermeiden;
- Fremdwörter vermeiden;
- Fragen formulieren – sie lassen Hörende mitdenken;
- bildhafte Sprache nutzen;
- Verben statt Substantive benutzen;
- aktiv statt passiv formulieren.

Zahlreiche Reden missachten besonders diesen letzten Punkt. Formulierungen im Passiv zwingen die Zuhörer zu zusätzlichen Denkprozessen. Die Aussage: *„Sie war nie allein und wurde zu allen Ärzten und zu allen Behandlungen begleitet"* wäre demnach umzuwandeln in die aktive Formulierung *„Sie haben sie nicht allein gelassen und zu allen Ärzten und Behandlungen begleitet"*.

Hingegen ermöglichen es Sätze im Passiv, bei einer Handlung den Verantwortlichen nicht nennen zu müssen. Manchmal werfen Angehörige den Ärzten vor, etwas falsch gemacht zu haben. Diesen Konflikt kann man aus der Trauerrede heraushalten, indem man bewusst das Passiv verwendet. Statt *„die Ärzte konnten ihm nicht mehr helfen"*, wäre es möglich zu sagen: *„Ihm konnte nicht mehr geholfen werden."*

Sprachliche Stilmittel stimulieren die Aufmerksamkeit. Das Gesagte wird leichter wahrgenommen und erinnert. Damit die Rede aber nicht gekünstelt wird, sollten Stilmittel immer maßvoll eingesetzt werden. Die folgenden Beispielsätze stammen zum Teil aus den in Kapitel 5 vorgestellten Reden. Sie stellen einige stilistische Formen exemplarisch vor:

- Gegensatzpaar (Antithese) – *„Was vor wenigen Wochen unglaublich wichtig erschien, hat heute kaum noch eine Bedeutung."*
- Gleicher Anfangslaut von zwei oder mehr unmittelbar aufeinander folgender Wörter (Alliteration) – *„Mit Kind und Kegel ist die Familie 1920 nach Hamburg umgezogen."*
- Anspielung – *„Die große Kiste mit den vielen Fotos, die er hinterlassen hat, ist ein stummer Zeuge bewegter Jahre."*
- Steigerung (Klimax) – *„Sie arbeitete zehn, zwölf, manchmal vierzehn Stunden täglich."*
- Abfallende Steigerung (Antiklimax) – *„Großmutter, Mutter und Kind wohnten gemeinsam in einem Haus."*
- Unverbundene Reihung gleichwertiger Elemente (Asyndeton) – „mein Tag, mein Gesang, meine Rede, meine Nacht." „Der Klang, die Stille, das Leben, das Sterben."
- Wiederholung am Satzanfang (Anapher) – „Ich liebte die Sonnenuntergänge am Meer. Er liebte die Sonnenuntergänge in den Bergen."
- Symmetrische Überkreuzstellung von Satzteilen (Chiasmus) – *„Sie liebte Laubbäume, Nadelbäume mochte sie nicht."*
- Nachdrückliche Hervorhebung eines Wortes zur Gefühlsverstärkung (Emphase) – *„Wir sind eingebunden in eine Ewigkeit. Eine Ewigkeit, die keine Dauer kennt."*
- Umkehrung der normalen Wortstellung im Satz zur Hervorhebung (Inversion) – *„Ein Lebenskünstler war er!"* anstelle von *„Er war ein Lebenskünstler!"*
- Bildlicher Ausdruck (Metapher) – *„Sie war die Vorsitzende ihres Jahrgangs."*
- Einschub (Parenthese) – *„Das ist ihr – wie gesagt – nie wichtig gewesen."*
- Wiederholen eines Sachverhalts mit neuen Worten (Redundanz) – *„Eine Ewigkeit, die keine Dauer kennt. Die nicht in Tagen und Jahren zählbar ist." „Nichts wollen, wunschlos sein."*
- Ausruf (Exklamation) – *„Verpackt den Mond, zertrümmert die Sonne!"*
- Übertreibung (Hyperbel) – *„Manchmal ging es nur im Schneckentempo voran."*
- Vergleich – *„Ein einzelnes Menschenleben erscheint wie das Gras, das am Morgen wächst und am Abend geschnitten wird und welkt."*
- Paralleler Aufbau von (Teil-)Sätzen (Parallelismus) – *"Der Sarg steht vor Ihnen und die Klage ist in Ihnen.*

Der Einsatz von „Weichmachern" ist in den Ratgebern für Redner eher verpönt. Zu den sogenannten Weichmachern zählen: *„ich stelle mir vor...", „soweit ich es verstanden habe...", „eher...", „vermutlich...", „vielleicht...", „wahrscheinlich...", „es könnte sein..."*. In Trauerreden kann der bewusste Einsatz dieser Weichmacher jedoch unterstützend sein. Sie ermöglichen eine vorsichtige Annäherung, legen nicht fest und lassen den Raum offen für die ganz eigenen Empfindungen der anwesenden Trauergäste.

Sprache bietet einen unermesslichen Reichtum an Bildern und Ausdrücken. Indem der Redner Sprache bewusst nutzt und Stilmittel gut dosiert einsetzt, vermeidet er unsinnige Worthülsen und inhaltsleere Phrasen. Seine Rede wirkt emotional, ohne zu emotionalisieren, das heißt, ohne auf *„die Tränendrüse zu drücken"*, verbal kreativ und präsent.

Wie sprechen?

Worte und sprachliche Bilder laden die Menschen zu einer ausgewählten Perspektive ein. Die Zuhörenden kommen mit einer neuen, vielleicht ungewohnten Sichtweise in Kontakt. Die beschreibende Sprache bildet Sachverhalte ab und geht von einer geringen Streuung möglicher Bedeutungen aus. In erster Linie ist der Verstand angesprochen. Eine bildhafte, symbolisierende Sprache, wie sie in literarischen Texten und Gedichten zu finden ist, schafft dagegen bewusst einen Raum für unterschiedliche Deutungen. Dichterische Sprache will nicht festlegen und spricht die Menschen in ihren Gefühlen an. Die Art und Weise des Sprechens zeugt von der Weltsicht des Redners. Diese schlichte Erkenntnis befreit von dem Anspruch, neutral sprechen zu wollen. Kein Redner kann neutral sprechen. Doch er kann begründet sprechen. Dies bedeutet, jederzeit sagen zu können, weshalb er sich für eine bestimmte Ausdrucksweise entschieden hat. Dazu muss die eigene Sprechweise reflektiert und die Sprache präzise eingesetzt werden.

Oft denken Trauergäste, dass der Redner den Verstorbenen gekannt haben muss. Dieser Eindruck kann entstehen, wenn er die Ausdrucksweisen der Angehörigen aufgreift. Das kann durch Zitate aus dem Gespräch passieren oder durch bestimmte prägnante Begriffe der Angehörigen, die in den Redefluss eingebaut werden. Die Angehörigen erkennen sich wieder und fühlen sich verstanden. Die anwesenden Trauergäste kennen die Sprechweise der Hinterbliebenen, wodurch der Eindruck entsteht, der Redner stünde dem Verstorbenen sehr nah.

Ungeübte Redner fallen leicht in einen gekünstelt wirkenden Tonfall. Weil es eine Feier ist, versuchen sie mit veralteten Sprachformen und gewundenen Satzkonstruktionen Feierlichkeit herzustellen. „Fürwahr, ein sehr trostreicher Gedanke" statt direkt zu sagen: „dieser Gedanke kann trösten". Eine wichtige Regel ist, Alltagssprache zu verwenden: „Sterben" statt „versterben", „wir sind heute zusammen gekommen" statt „wir, die wir heute vereint sind", „im Krankenhaus" statt „Stätte des Todes". Feierlichkeit entsteht dann, wenn Menschen innerlich ergriffen werden. Die vorgestellten Sprachformen sollen anregen, sich über die eigenen Sprechgewohnheiten bewusst zu werden und mögliche Alternativen aufzeigen.

Personen und Personalpronomen

Die Rolle des Redners in der Beziehung zu dem Verstorbenen und den Trauergästen ist eine Angelegenheit, die von Auftrag zu Auftrag abgewägt werden muss. Mögliche Perspektiven in Bezug auf die Trauergäste können durch die Personalpronomen *Sie, Du* und *Wir* ausgedrückt werden. Der Verstorbene wird mit *Du* angesprochen, oder mit *Er* oder *Sie* umschrieben. Der Redner spricht von sich selber als *Ich*.

Ob die Trauergäste mit *Du* oder *Sie* angesprochen werden, hängt davon ab, ob der Auftrag aus dem persönlichen Umfeld kommt oder von bis dahin unbekannten Menschen. Darüber hinaus ist das *Du* gegebenenfalls bei Aufträgen aus der Schwulen-/Lesben- oder Rockerszene angemessen. Hier taucht der Redner gewissermaßen in deren Kultur ein. Schwieriger wird es, wenn ein gemischtes Publikum in der Trauerhalle sitzt. Hier ist sorgfältig die Anrede zu wechseln.

Gegen die Verwendung von *Wir* ist nichts einzuwenden, solange es sich um das *Wir* im Sinne von *„wir Menschen"* als eine menschliche Grundkonstante bei allgemeinen Aussagen über das Leben und den Tod handelt: *„Wir alle müssen uns mit dem Tod vertraut machen..."*. Wird der Redner in ritueller Form zum Sprachrohr der Trauergäste, kommt das Wir ebenfalls zum Einsatz: *„Wir danken dir für die gemeinsame Zeit, für alles, was du uns bedeutet hast und nehmen Abschied von dir..."*. Dagegen wirkt es vereinnahmend, wenn der Redner das *Wir* in Bezug auf den Verstorbenen und seine Lebensgeschichte sagt. Die Angehörigen empfinden es schnell als anmaßend, wenn der Redner sich auf eine Stufe stellt mit denen, die den Verstorbenen kannten.

Der Verstorbene selbst wird immer mit *Du* angesprochen. Im Unbegreiflichen, im Jenseits und Immateriellen wird nur *Du* gesagt. Das gilt für die verborgene Anwesenheit eines verstobenen Menschen genauso wie für Gott, Jesus Christus oder eine andere persönlich angesprochene nicht körperliche Person.

In der inneren Wirklichkeit der Angehörigen sind die Toten noch präsent. Sprecher aus dem Familien- oder Freundeskreis führen den Dialog aus der Vergangenheit weiter fort. Das *Du* wird für den Rückblick auf die letzte Begegnung oder gemeinsame Erlebnisse verwendet: *„Lieber Heinz, als ich Dich das letzte Mal besuchte, hast Du mir vom Fenster aus noch einmal zugewunken...".* Sie verabschieden sich von dem *Du*: *„Machs gut! Du bleibst immer in unseren Herzen...".* Manche Redner wenden sich zum Sarg und sagen *Du*, selbst wenn sie diesen Menschen zu Lebzeiten nicht persönlich kannten. Man kann dies in ritueller Form tun und lädt so dazu ein, den durch den Tod unterbrochenen Dialog fortzusetzen. Auf Lebensereignisse bezogen ist das *Du* jedoch unpassend.

Es geht in der Traueransprache nicht um die Erlebnisse des Redners. Trauernde Menschen interessiert es nicht, dass seine Oma auch schon gestorben ist. Das *Ich* ist fehl am Platze, wenn er die Stichworte der Angehörigen nur als Aufhänger benutzt, um eigene Geschichten zu erzählen. Von sich selbst wird der Redner sprechen, wenn er seine Reaktionen auf bestimmte Informationen benutzt, um zu einem neuen Teil überzuleiten: *„Frau K., Sie riefen mich gestern Abend noch einmal an. Sie sagten: Bitte erwähnen Sie beide Vornamen meines Vaters. So habe ich besonders nach seinen beiden Namen geschaut: F. und R. Ich war überrascht, dass sich bereits in der Bedeutung beider Namen die Lebensthemen Ihres Vaters wiederfinden."* Das *Ich* kann, wenn es maßvoll eingesetzt wird, zur Absicherung von Deutungen dienen. Es lässt die Möglichkeit offen, dass bei heiklen Themen Angehörige ganz anders empfinden. *„Wenn ich Sie richtig verstanden habe...", „So wie Sie mir die letzten Tage schilderten, habe ich den Eindruck...".*

Sprache und Kommunikation unterliegen einem stetigen Wandel. Das wird im Zeitalter des Internets besonders im E-Mail-Schriftverkehr, in Foren und Social Communities deutlich: Es ist bereits gang und gäbe, unbekannte Menschen mit *Du* anzusprechen. Dabei bleibt es abzuwarten, inwieweit sich diese Sprechweise in unseren Alltagskontakten, letztlich auch in den Traueransprachen niederschlagen wird.

Wie die Lebenden ansprechen?

Ein freier Redner wird, anders als der Pfarrer, nicht durch seine Kleidung identifiziert. Er trägt in der Regel kein liturgisches Gewand und könnte somit jemand aus der Familie sein, ein Freund oder Arbeitskollege. Das führt dazu, dass manche Redner sich und ihre Rolle innerhalb der ersten Sätze kurz vorstellen. Mit der Begrüßung werden die Weichen gestellt, mit welchen Empfindungen die Trauernden

den Friedhof später wieder verlassen. Der erste Eindruck entscheidet über Sympathie und Vertrauen, Aufmerksamkeit und Erwartungshaltung der Zuhörer.

Die Hauptadressaten der Traueransprache sind die Familienangehörigen und nahestehenden Menschen, unabhängig davon, ob sie beim Vorgespräch anwesend waren oder nicht. Sie werden in der Reihenfolge ihrer Nähe zum Verstorbenen angesprochen. Wie detailliert die Namensnennung ist, hängt von der Größe der Familie und der Anzahl der unterschiedlichen Familiennamen ab. Die folgenden Anreden sind veröffentlichten Trauerreden entnommen. Für welche Formen sich ein Redner entscheidet, hängt davon ab, was er für angemessen erachtet.

Die Anreden *Sehr geehrte..., Liebe..., Werte..., Verehrte..., Sehr verehrte...* werden kombiniert mit

- Personen aus der Familie: *Frau (Name), Herr (Name), Tim (Vorname), Tina (Vorname), Familie (Name), Familien (identischer Name mehrerer Familien), Familie von..., Familienmitglieder, Familienangehörige, Angehörige, Eltern von..., Kinder von...;*
- Anderen Personengruppen: *Freundinnen und Freunde, Kolleginnen und Kollegen, Nachbarn;*
- Anwesenden allgemein: *Trauergemeinde, Trauergäste, Trauerversammlung, Trauernde, Mittrauernde, Hinterbliebene, Hierbleibende, Leidtragende, meine Damen und Herren.*

Der Redner signalisiert in der direkten Ansprache der Angehörigen und aller Anwesenden: Ich sehe dich in deiner Trauer. Wenn er den Verstorbenen persönlich gekannt hat, wird er seine eigene Betroffenheit ausdrücken.

Formulierungen wie *„Gestatten Sie mir bitte, eingangs auf... zurückzukommen",* oder *„Ich möchte versuchen,...",* lassen den Redner unsicher erscheinen. Eine direkte Einleitung unter der Nennung des Grundes für die Versammlung führt hingegen mitten in die Dinge.

„Sie haben sich heute hier versammelt, um Abschied zu nehmen...";

„F. ist tot. Am x. Januar ist er bei einem Unfall gestorben ...";

„Wir verabschieden uns heute von G.... ".

Mit der Begrüßung und dem Nennen des Anlasses kann außerdem ein Zitat verbunden werden. Ein kurzer Spruch oder eine treffende Verszeile greift den wesentlichen Gedanken auf und zentrieren die Aufmerksamkeit. Oft genügt ein Blick auf die Todesanzeige. Das Zitat darf durchaus unerwartet oder aufrüttelnd sein, vorausgesetzt, es wird in der späteren Ansprache noch einmal aufgegriffen und in einen Kontext eingebettet.

Manchmal können Personen aus dem engsten Familienkreis nicht an der Trauerfeier teilnehmen. Immer wieder sehe ich bei Angehörigen ein leichtes Kopfnicken, wenn diese Personen mit Namen genannt werden. Sie gehören dazu und sie werden als fehlend erlebt. Eine Form könnte sein: *„Sein Bruder Heinz kann heute nicht hier sein, doch innerlich ist er sicher mit diesem Abschied verbunden."* Für manche Abwesende wiegt ein Konflikt in der Familie schwerer als das Bedürfnis, Abschied zu nehmen. Hier wäre die obige Formulierung kontraproduktiv. Allerdings kann diese Person im Rahmen des Lebenslaufes erwähnt werden. Menschen wissen in der Regel, dass sie diesem Familienmitglied die prinzipielle Zugehörigkeit nicht verweigern dürfen, auch wenn ein Zusammentreffen aktuell nicht möglich erscheint. Sinnvoll ist es, die namentliche Nennung von Personen, die nicht zur Familie gehören, mit den Angehörigen genau abzusprechen. Nur so kann der Redner sicherstellen, dass er nicht aus Unkenntnis über das Umfeld andere Personen kränkt.

Wie vom Leben sprechen?

Eine Möglichkeit, das Leben des Verstorbenen zu umreißen, ist das Benutzen von Symbolen oder Metaphern. Man kann in einer Traueransprache nicht die gesamte Biographie des Verstorbenen festhalten. Die Metapher des **Lebensbuches** hilft, zu verdeutlichen, dass nur einige Seiten im Lebenslauf umgeblättert werden können. Ein anderes weit verbreitetes Bild ist das **Puzzle**. Wie das Buch erklärt es, dass die Auswahl von Erinnerungen nie vollständig ist. Einzelne Puzzleteile zeigen helle und dunkle Seiten des Lebens, glückliche und traurige Zeiten ohne Bewertung gleichberechtigt nebeneinander. Sind nur wenige Informationen aus dem Leben des Verstorbenen vorhanden, hilft es, mit den Lücken umzugehen: *„Das alles sind Puzzleteile, von denen wir zu wenige haben, um ein annähernd erkennbares Bild von ihr zu erhalten."* An den Ufern des **Lebensflusses** ziehen einzelne Begebenheiten vorüber. Der Fluss entspringt einer Quelle, vereinigt sich auf seiner Reise mit anderen Wassern und gelangt irgendwann ans Ziel seiner Reise. Aufgewühlte Stellen und ruhiges Fließen wechseln einander ab. Er mündet ins Meer – ein Bild für das Ende der Individualität und das Eingehen in die Unendlichkeit. Ähnlich ist das Bild der **Zugreise**. Andere Menschen steigen ein und aus, sie werden zu Reisebegleitern. Manche reisen mit viel, andere mit wenig Gepäck. Es ist eine Frage des persönlichen Stils, auf solche Bilder zurückzugreifen.

Ein vergangenes Leben kann niemals vollständig wiedergegeben werden – nicht einmal alle Informationen und Episoden, die im Vorgespräch thematisiert wurden. Das Geheimnis einer individuellen Rede besteht darin, nicht alles wiedergeben zu wollen. Nicht alle Auskünfte über den Verstorbenen sind gleichermaßen bedeutend. Nicht jedes Detail ist geeignet, vor einem breit gefächerten Publikum ausgeführt zu werden.

Wie hat der Verstorbene selbst über sein Leben gedacht? Welche Grundeinstellung haben die Angehörigen zum Leben? Die Spannbreite der Bilder, mit denen Menschen ihr Leben deuten, ist weit:

das Leben ist ungerecht;

es ist ein Jammertal, das durchschritten werden muss;

es ist ein Geschenk, das jeder Mensch auspacken darf;

es ist ohne Sinn, jeder ist einfach hineingeworfen;

es ist eine Bewährungsprobe;

es ist eine Schule, in der jede Seele wächst und reift.

Hat sich die Lebenseinstellung im Laufe eines Lebens verändert? Hat sich die Einstellung der Angehörigen verändert, nachdem sie Krankheit und Sterben so unmittelbar erlebt haben? An dieser Stelle sei betont, dass auch die Lebenseinstellung des Redners und sein selbstreflektierendes Verhalten enormen Einfluss auf seine Ansprache haben. Seine eigene Sicht auf das Leben trifft auf die Sichtweise der Angehörigen: „Was ist Leben?" – auf diese Frage gibt es unzählige Antworten. Die Antwort des Redners wird die Begleitung der Trauernden in der Trauerfeier prägen.

Wie vom Verstorbenen sprechen?

„Die Wahrheit ist dem Menschen zumutbar", lautet ein viel zitierter Satz Ingeborg Bachmanns. Sie fährt fort: *„[...] Denn wir wollen alle sehend werden."* Diese Aussage mag grundsätzlich stimmen. In der konkreten Trauersituation ist nicht immer

davon auszugehen, dass Menschen dem Schmerz erlauben, ihnen die Augen zu öffnen. Sie haben Angst, empfinden Scham oder Schuld. Im Vorgespräch erhält der Redner gefilterte Informationen. Wo über das Scheitern und die Schattenseiten gesprochen wird, sind diese Hinweise nicht unbedingt für die Ohren aller Trauergäste gedacht. Einige Redner halten ihre Ansprachen nach dem Grundsatz *„De mortuis nihil nisi bene"*, übersetzt als *„von Toten (soll man) nur Gutes (reden)"*, und schließen daraus, dass man nur Gutes oder Gelungenes erwähnen dürfe. Sie lassen die ungemütlichen Aspekte des Lebens bewusst aus. Dabei besagt der klassische Satz des Chilon von Sparta inhaltlich richtig übersetzt „von den Toten nichts außer auf gute Weise". Dass man nichts Unwahres über ihn spricht, versteht sich von selbst. Darüber hinaus soll man nicht aus den eigenen (bewertenden) Gefühlen heraus sprechen. In der Art und Weise, wie man über einen Toten spricht, soll man berücksichtigen, dass sie selbst nicht mehr Stellung nehmen können.

Welche Einstellung haben Menschen zu Unvollkommenheit, Fehlverhalten und Scheitern? Wie kann vom Leben des Verstorbenen gesprochen werden, wenn Schuld und nicht übernommene Verantwortung eine Rolle spielen, etwa bei Tätern in der Zeit des Nationalsozialismus, bei Verbrechern, bei gewalttätigen Menschen. Es ist leichter, über die Schmerzen der Opfer als über die Verantwortung des Täters zu sprechen. Meist zeigt sich im Gespräch, dass jede Täterschaft eine Vorgeschichte hat, dass der Täter selbst ein schweres Schicksal hatte oder Gewalt erfahren hat und nicht in der Lage war, damit umzugehen.

Eine Trauerhalle ist weder ein Gerichtssaal noch ein Kosmetikinstitut. Die prägenden Lebensthemen brauchen einen Raum, sonst teilen die anwesenden Menschen das Bild des Verstorbenen nicht. Sie kennen durchaus die Schattenseiten seiner Persönlichkeit. Man kann ganz allgemein von den Licht- und Schattenseiten der Verstorbenen sprechen, von den Höhen und Tiefen des gemeinsamen Lebens, ohne sie genau zu benennen. Wer sich als Redner diesen dunklen Teilen einer Biografie und der menschlichen Existenz weiter nähert, muss sich klar über seine eigenen Bewertungen von Scheitern, von Alkoholismus, Missbrauch und Gewalt sein. Er kann auch die schwierigen Themen konkreter benennen, wenn er nicht wie gebannt auf die schweren Ereignisse schaut, sondern in allem Schweren die Sehnsucht nach einem gelingenden Leben erkennen kann.

Der Verstorbene steht im Zentrum der Trauerfeier. Weil dieser eine Mensch gestorben ist, sind die Menschen zusammen gekommen. Jeder der Anwesenden hatte eine eigene Beziehung zu ihm. In dieser Beziehungsqualität ist der Verstorbene während der Trauerfeier präsent. Begriffe wie „der Leichnam" oder „der Tote", die den Verstorbenen zu einem Gegenstand machen, sind deshalb ungeeignet und unbedingt zu vermeiden. Wechselseitig eingesetzt machen verschiedene Formen, mit und ohne Nennung des Namens, die Rede flüssiger:

- Ohne Namensnennung: *„Die Verstorbene", „Der Gestorbene", „Unsere Verstorbene", „Unsere liebe Verstorbene", „Die teure Verstorbene", „Unser lieber Entschlafener", „Ihr Vater, Ihre Mutter, Ihr Großvater, Ihre Großmutter, Ihr Freund..."*
- Mit Namensnennung: *„die verstorbene Frau Müller", „Frau Müller", „Gerlinde Müller", „Frau Gerlinde Müller"*

Emotional belegt ist der Ruf- oder der Spitzname. Der beurkundete Vorname sollte jedoch zumindest an einer Stelle genannt werden. Es ist der Name, den die Eltern dem Kind gaben. Der Spagat, den der Redner zwischen einer Szenenzugehörigkeit und der Herkunftsfamilie aus der bürgerlichen Welt bewältigen muss, kann in Einzelfällen sehr groß sein. Wer ist gestorben, wenn etwa ein Transsexueller stirbt? Wie erhält das Leben von „Nadine" für die Freunde aus der Szene und „Klaus" für die Eltern und die früheren Klassenkameraden eine gleichberechtigte Würdigung?

Bei den Vorlieben kann der Redner sich auf die Aufzählung beschränken: „Sie hat die Natur geliebt und war gerne draußen." Oder er fragt tiefer, was die Natur der Verstorbenen bedeutet hat. Ist sie gerne in den Wald gegangen, weil sie den Kontakt mit anderen Menschen gemieden hat oder weil sie sich hier entspannen konnte? Wollte sie immer hoch hinaus (Berge erklimmen), etwas Nützliches damit verbinden (Pilze suchen) oder schöne Plätze aufsuchen, um den Blick über die Landschaft schweifen zu lassen? Zum Persönlichen gehören die Lebensereignisse, die die Verstorbene geprägt haben genauso dazu wie die Anekdoten, die die Anwesenden schmunzeln lassen. Das macht den individuellen Aspekt der Ansprache aus.

Indem Todestag oder erreichtes Lebensalter genannt werden, wird der Tod als öffentliches Ereignis sichtbar. Das individuelle Leben endet und berührt den Aspekt des allgemein Menschlichen.

Wie vom Sterben und vom Tod sprechen?

Ein plötzlicher oder gewaltsamer Tod zieht andere Begriffe nach sich als ein Sterben nach langer Krankheit oder in hohem Alter. Vom Sterben kann aktiv oder passiv gesprochen werden, in Bildern, mit und ohne Transzendenzhorizont.

Das Sterben kann als aktives Handeln erscheinen. Akteur ist die verstorbene Person. Die Aktion fand in der Vergangenheit statt (Präteritum). Die vollendete Gegenwart (Perfekt) beschreibt das Sterben als abgeschlossene Handlung in der Vergangenheit mit Auswirkung in die Gegenwart oder drückt den erreichten Zustand aus.

Sie schloss ihre Augen für immer.

Sie fiel in jenen Schlaf, aus dem man nicht mehr erwacht.

Er wollte so nicht mehr weiterleben.

Er hatte einen Unfall.

Sie hat die Schwelle überschritten.

Sie hat das Zeitliche gesegnet.
Er hat sich selbst das Leben genommen.

Er ist für immer eingeschlafen.

Er ist tödlich verunglückt.

Sie ist umgekommen.

Sie ist ihren Verletzungen erlegen.

Sie hat ihren Frieden gefunden.

Will man abwechslungsreicher sprechen, bietet es sich an, das Subjekt zu verändern:

Ihre Augen schlossen sich für immer.

Seine Lebenskraft versiegte.

Seine Zeit war gekommen.

Gott hat sie von ihrem Leiden erlöst.

Gott hat ihn zu sich gerufen.

Der Tod hat ihr keine Frist gegeben.

Der Tod hat zugeschlagen.

Das Schicksal hat es so gewollt.

Wenn *„Gott"* der Handelnde ist, mag dies für den gläubigen Menschen ausreichend sinnvoll sein, weil er das angebotene Bild mit seiner eigenen personalisierten Vorstellung von Gott verbinden kann. Gott wird erlebt, gefühlt und angesprochen. Für einen Zuhörer, der keine Vorstellung des Göttlichen als eine Person hat oder für den jede Form einer wie auch immer gearteten Transzendenz bedeutungslos ist, ergibt die Nutzung des Wortes *„Gott"* keinen Sinn. Universaler ist das Bild, wenn der Tod selbst zu einer realen Gestalt wird. Wie in der Darstellung im Totentanz erscheint der Tod als handelnde Person, der keinen Unterschied macht zwischen arm oder reich, alt oder jung, Mann oder Frau. Er fordert jeden Menschen zum Tanz auf. Will man eine Aussage darüber vermeiden, wer aktiv gehandelt hat, kann man bewusst die passive Formulierung wählen:

Sie wurde aus unserer Mitte abgerufen.

Sie wurde von ihrem Leiden erlöst.

Seine Tage waren gezählt.

Gestern Mittag wurde sein Leben beendet.

Passivkonstruktionen verschleiern den Akteur, der in einer Aktivformulierung genannt werden müsste. Wer oder was hat sie vom Leiden erlöst, wer hat sie abgerufen, wer zählte seine Tage, wer oder was beendete sein Leben? Ist eine konkrete Person gemeint, eine Krankheit, das Schicksal oder Gott? Die Antwort bleibt offen und den Trauergästen selbst überlassen.

Neben der Sprachform spielen die gewählten Bilder eine große Rolle. Anschauliche Bilder helfen den Trauernden, eine schwer zu beschreibende Erfahrung ausdrücken.

- Wie die Flamme einer Kerze: *„Sein Leben ist erloschen“:*
- Wie ein Kleidungsstück: *„Die sterbliche Hülle ablegen“:*
- Wie ein Weggehen: *„Die Seele hat den Körper verlassen.“*
- Wie ein Segen: *„Das Zeitliche segnen:“*
- Wie das Ausatmen: *„Das Leben aushauchen.“*
- Wie das Gehen über eine Grenze: *„Über die Schwelle gehen.“*
- Wie die Bewegungen einer Uhr: *„Jemandes Zeit ist abgelaufen.“*
- Wie Verreisen: *„Sie hat ihre letzte Reise angetreten.“*

Hier bei den Menschen ist die Verstorbene nicht mehr, vielleicht ist sie „irgendwo“. Der Ort oder der Zustand des „Irgendwo“ ist durch religiöse Bilder geprägt. Menschen haben eine Sehnsucht nach Sinngebung. Über Jahrhunderte prägten die Antworten aus dem christlichen Glauben die Überzeugungen. Ausgesprochen christliche Formulierungen werden in weltlichen Trauerreden selten verwendet. Wird von der Botschaft des Kreuzes und der Auferstehung gesprochen, geschieht dies nur auf ausdrücklichem Wunsch der Angehörigen. Christliche Sprachbilder sind:

Hoffnung auf die Auferstehung von den Toten und das ewige Leben.

Der Tod ist nicht das Ende, sondern der Beginn neuen Lebens.

Der Herr wird den Verstorbenen auferwecken.

Gott hat den Menschen zum neuen Leben berufen.

In Jesus Christus, der für uns Mensch geworden und zu unserer Rechtfertigung gestorben und auferstanden ist, ist Gottes Treue verbürgt.

Die Bitte, dass Gott vollende, was er der Verstorbenen in der Taufe zugesprochen hat.

Die Rettung im Gericht

Jesus Christus, der für uns den Tod überwunden hat.

Er geht ein in das himmlische Reich.

Sie tritt vor ihren Schöpfer.

Die nichtkirchliche Rede schwächt die christlichen Bilder vom „Aufenthaltsort" der Verstorbenen ab, deutet sie um oder entwickelt sie sprachlich weiter, ohne einen transzendenten Akteur zu nennen. Ein Motorradclub, der in Chapter (Ortsverbände) gegliedert ist, hat die Vorstellung eines "Forever chapter", als dem Ortsverband für die verstorbenen Mitglieder. Der Verstorbene wechselt das Chapter und fährt für immer bei den Touren der jenseitigen Ortsgruppe mit. An das Selbstverständnis der politischen Überzeugung des Verstorbenen anschließend, kann der Redner den Himmel neu deuten: *„Wenn er in den Himmel kommt, dann nicht in den der Selbstgerechten und der Reinen, sondern in den Himmel, der die Linken aufnimmt."* Oder der Ort wird in die Herzen der Trauernden verlegt: *„Sie bleibt immer in unseren Herzen."*

Die Alltagssprache kennt zahlreiche Bilder für das Sterben, die den Tod ins Lächerliche ziehen. Wenn Angehörige diese Ausdrücke verwenden, drücken sie in der Regel ihre Unsicherheit oder ihre Unfähigkeit aus, über den Tod zu sprechen. Diese Bilder können als Zitat in der Trauerrede aufgenommen werden, sollten allerdings nicht unkommentiert bleiben.

dran glauben;
über den Jordan gehen;
das letzte Stündlein hat geschlagen;
in die ewigen Jagdgründe eingehen;
ins Gras beißen;
den Löffel abgeben;
die Radieschen von unten betrachten;
sich nach Walhalla begeben;
sich aus dem Staub machen;
letzte Kurve kratzen;
ein Date mit dem Sensenmann haben;
seine Wolke beziehen;
den Geist aufgeben.

Oft bewerten Angehörige den Tod in ihrem Schmerz negativ:

er hat gehofft, gekämpft und doch verloren;
sie starb viel zu früh;
heimtückische Krebserkrankung;

die Krankheit hat ihn besiegt;

er ist elend krepiert;

er ist verreckt.

Zwar sollte der Redner von sich aus keine eigene Wertung abgeben, er kann aber die der Angehörigen in seinen Aussagen über den Tod aufgreifen und in einen positiven Kontext stellen. Bei dem häufig zitierten Spruch *„Er hat gekämpft, gehofft und doch verloren"* ist es möglich, das Gewicht von *„einen Kampf verloren"* auf das Durchstehen der gemeinsamen, schwierigen Zeit zu verlagern: *„Nun könnte man sagen: Sie haben den Kampf verloren, er ist gestorben. Doch diese Sichtweise greift zu kurz. Denn gegenüber dem Tod gibt es nichts zu gewinnen oder zu verlieren. Mit unserer Geburt werden wir auf den Weg geschickt, der mit unserem Tod enden wird. Das Entscheidende ist, dass er nicht allein gelassen war. Sie sind bei ihm geblieben."*

Die Sätze *„Alle Menschen sind sterblich."*, *„Sokrates ist ein Mensch."*, *„Also ist Sokrates sterblich."*, kennen wir als Grundstruktur der logischen Schlussfolgerung. Heute leben wir vor allem in dem Bewusstsein, dass *„Sokrates ein einzigartiger Mensch"* war. Trotzdem bleibt wahr, dass alle Menschen sterblich sind. Keine Medizin kann den Tod aus der Welt schaffen. Diese Tatsache macht Angst, wenn die Individualität das Übergewicht hat. In unserer Gesellschaft zählen Wachstum und Erfolg. Der Tod wird als Scheitern erlebt und muss verhindert werden. Es ist entlastend, wenn dem Menschen bewusst ist, dass er nur ein *„kleiner Ring an der unendlichen Kette des Daseins"* ist, wie Goethe es treffend ins Bild bringt. Aus diesem Grund braucht die Allgemeinheit des Todes neben dem Persönlichen in der Traueransprache einen eigenen Raum. Das individuelle Leben braucht eine Einbindung in etwas Allgemeingültiges. Wenn Kinder sterben, wenn Menschen durch Gewalttaten oder Suizid sterben, dann schafft die Demut vor dem Tod einen tragenden Rahmen für die tiefen Trauergefühle der Anwesenden.

Wie von Gott und zu Gott sprechen?

Reicht unsere Sprache aus, um die Komplexität der Welt auszudrücken? Schon Nietzsche bezweifelte dies und er hat die Vorstellung abgelehnt, wir könnten mit unserem Menschenverstand und unserer begrenzten Sprache so etwas wie *„absolute Wahrheiten"* erfassen. Der Sprachphilosoph Ludwig Wittgenstein geht davon aus, dass sich nur etwas sagen lässt, wenn es klar gesagt werden kann. Was nicht mehr in Worte zu fassen ist, geht über ins Nicht-Mehr-Weltliche, gleitet also ab ins Übernatürliche. Er zieht den Schluss: *„Wovon man nicht sprechen kann, darüber* *muss man schweigen."* Dies lässt sich als eine Absage an metaphysische Welterklärungen lesen. Was einen Menschen nach seinem Tod erwartet, wissen wir nicht.

Bei nichtkirchlichen Feiern trifft der Redner auf ein gemischtes Publikum. Viele Menschen sind nicht ausgesprochen atheistisch. Im Gegenteil: In der Regel sind diffuse religiöse Sehnsüchte vorhanden. Redner treffen auf Menschen, in deren Biografie der Glaube und die Kirche zumindest in der Kindheit eine Rolle gespielt haben. Auf diese Erfahrungen greifen die Angehörigen zurück, wenn sie einen Halt in einer haltlosen Situation suchen. Hoffnungen, Ahnungen und Erfahrungen mit einem wie auch immer zu beschreibenden Göttlichen oder der Respekt vor der religiösen Überzeugung des Verstorbenen führen zu dem Wunsch, ein Segenswort oder ein Gebet aufzunehmen.

Man kann etwas glauben, ohne dass eine konfessionelle Dogmatik dazwischen geschaltet ist. Wie und in welcher Weise der Begriff *„Gott"* dabei verwendet wird, hängt davon ab, in welcher Weise die Auftraggeber es verstehen und gebrauchen. Wenn der Verstorbene einen Halt in Gott gefunden hat, kann man ein Gebet entsprechend einleiten: *„Martha M. fand in ihrem Leben Halt im Glauben an einen liebenden Gott. Ihm hat sie das Schwere ihres Lebens anvertraut. So bitten wir für die Verstorbene und für uns selbst..."* Nicht weil der Redner eine religiöse Überzeugung hat oder vorgibt zu wissen, dass die Bilder, die er gebraucht, irgendeiner Realität entsprechen, sondern weil sie die Menschen durch den Abschiedsschmerz tragen können, kann er ein Gebet sprechen. Er spricht es stellvertretend für die Angehörigen. In einer kirchlichen Feier wird hingegen selbstverständlich gebetet und das Gebet mit den Worten *„Lasst uns beten..."* eingeleitet. Da dieser Grundkonsens in der nichtkonfessionellen Trauerfeier nicht vorausgesetzt werden kann, muss für jeden einzelnen Trauergast die Freiheit bestehen, nicht beten zu müssen. Der Redner kann aber einladen, mit zu beten.

Formen des Gebetes können der christlichen Tradition entstammen, wie das Vater Unser, der Aaronitische Segen oder Psalmtexte. Daneben gibt es eine Reihe von irischen Segenstexten, die weniger formelhaft sind und Bilder aus der Natur enthalten, in denen sich viele Menschen wiederfinden können. In allen spirituellen Traditionen – sei sie muslimisch, jüdisch, fernöstlich oder indianisch – sind Gebete vorhanden, die die menschliche Sehnsucht nach Hilfe, Gnade und nach Frieden in Worte fassen und Menschen im Übergang begleiten können.

Wie von der Trauer sprechen?

Die Trauerfeier ist eine in unserer Kultur selten gewordene Gelegenheit, Trauer in Gemeinschaft zu erleben. Sie bietet einen begrenzenden Rahmen für den manchmal schier endlos scheinenden Schmerz. Gefühle zu benennen und Bilder für den Verlust finden, führt zur Trauer hin.

Abschied nehmen tut weh;

wir trauern um ihn und gedenken seiner;

wenn ein Mensch stirbt (...), dann berührt es das eigene Herz;

sich von einem Kind zu trennen, ist das Schmerzhafteste, was Eltern zustoßen kann.

Die Facetten der Trauer sind vielfältig. Sie bedeutet nicht zwingend endlose Schwere, sondern bewegt sich eher in einem Spektrum: ein leises Ziehen im Herzen bis hin zu dem Gefühl, als würde man innerlich zerreißen, von innerer Berührung und Tränen in den Augen bis hin zu lautem Weinen oder Schluchzen. Die Scheu ist groß, Gefühle öffentlich zu zeigen. Oft werden die Tränen verschämt weggewischt. Menschen können ermutigt werden, sich für die verwirrenden Gefühle zu öffnen und sich ihrer Trauer nicht zu schämen. Wer gerade einen Menschen verloren hat, darf mit dem Schicksal hadern, er darf untröstlich sein. Wie das Leben in Zukunft sein wird, steht noch dahin. Formulierungen, die von dem gegenwärtigen Schmerz ablenken, sind vielleicht gut gemeint, aber wenig hilfreich und somit zu vermeiden:

Wir wollen nicht mit dem Schicksal hadern...;

wir trösten uns mit der Vorstellung...;

und die Zeit wird alle Wunden heilen...;

das Leben geht weiter....

Trauer ist der Weg, mit der veränderten Lebenssituation zurecht zu kommen. Die Leere, die der verstorbene Mensch hinterlassen hat, braucht Anerkennung. Sie zu schnell ausfüllen zu wollen, nimmt den Menschen die Chance, sich mit der Bedeutung des Verlustes auseinander zu setzen. Zu welcher Veränderung fordert der Tod auf? Was hat die Verstorbene einem anderen wirklich bedeutet? Die Auswirkung für die Hinterbliebenen kommt in diesen Formulierungen zum Ausdruck:

Sie wurde aus Ihrer Mitte gerissen;

er ist den Blicken entschwunden;

er hinterlässt eine Lücke;

es ist eine klaffende Wunde, die der Tod eines Mitmenschen in unser Leben schlägt;

ihr gemeinsames Leben endet hier.

Der *„Weggang"* des Verstorbenen löst bei den Trauernden das Gefühl des *„Verlassenseins"* aus. So steht in manchen Todesanzeigen: *„Er hat uns für immer verlassen."* Doch es macht einen Unterschied, ob gesagt wird, die Verstorbenen *„haben uns verlassen"* oder aber *„sie sind uns vorausgegangen"*. Es macht auch einen Unterschied, ob von den Trauernden gefordert wird, den verstorbenen Menschen *„loszulassen"* und *„ohne ihn leben zu lernen"*, oder ob sie darin unterstützt werden, eine andere, eine neue innere Beziehung zu ihm zu finden. Auf diesen Aspekt hat besonders der Psychotherapeut Roland Kachler hingewiesen.

Den Blick auf den Umgang mit der Trauer zu lenken, ist etwas anderes, als von der Trauer abzulenken. Zur Trauer gehört der Schock bei einem plötzlichen Tod genauso dazu wie Wut, Angst und Ohnmacht. Gefühle zeigen zu können, ist kein Ausdruck von Schwäche. Wer trauert, zeigt, wie sehr er liebt. Wer die Trauer auf diese Weise sehen kann, der stellt nicht den Schmerz in den Vordergrund, sondern die schönen Erinnerungen und die tiefe Liebe, die entsteht, wenn Menschen schwierige Zeiten gemeinsam durchleben. Wenn das Sprechen über die Trauer zu schwer wird, öffnet das Sprechen über die Liebe die Herzen.

„Schmerz hat die Fähigkeit, uns für die Liebe in einer Weise zu öffnen, die wir nie für möglich gehalten hätten", schreibt Stephen Levine in einem seiner Bücher. Je mehr der Tod da sein darf, umso intensiver wird das Leben. Dass die Liebe bestehen bleibt, entdecken Menschen, wenn sie zustimmen, dass das Leben immer vorübergehend ist. Es geht nicht darum, Schmerz zu vermeiden, sondern um ein neues Verständnis von Schmerz und Trauer.

Zum Ende kommen

Spätestens zum Abschluss der Ansprache erfolgt ein Perspektivenwechsel auf die Ebene der Trauergäste. Nachdem das Leben des Verstorbenen im Mittelpunkt stand und sein Leben im Zusammenhang der menschlichen Endlichkeit gesehen wurde, führt der Abschluss der Ansprache die Trauergäste wieder in die jetzige Situation zurück. Die Angehörigen werden in ihrem sozialen Kontext angesprochen. Der Alltag kommt wieder in den Blick und die Notwendigkeit, sich von den Sitzen zu erheben, die anderen Menschen wahrzunehmen, in Kontakt mit ihnen zu treten.

Der Abschluss bereitet sie darauf vor, mit dem, was sie gehört und erlebt haben, die Trauerhalle oder das Grab wieder zu verlassen.

Nachdem die Erinnerungen Raum hatten, nachdem das Schwere benannt wurde, die Gefühle zwischen Trauer und Dankbarkeit wechselten, ist am Ende der Platz für eine zusammenfassende Würdigung. Egal ob als Hoffnung, Bitte, Ermutigung, Trost oder Ausblick formuliert, es geht um das weitere Leben der Trauergäste. Der Abschluss zeigt eine Perspektive auf, die über den jetzigen Moment hinaus weist. Die folgenden Formulierungen dienen als Anregung:

> *N. ist von uns gegangen, aber nicht aus unseren Herzen. Er wird unvergessen bleiben. Wir werden immer an ihn denken.*
>
> *Wir vermissen Dich sehr und trauern um Dich. Lebe wohl, lieber Freund. Möge der Herrgott auf Deinem weiteren Wege seine Hand schützend über Dich halten.*
>
> *Sie hat uns deutlich gemacht, dass sie ihre Aufgabe gefunden und gelebt hat. Diese Erkenntnis kann uns anspornen und wegweisend sein.*

Es ist ebenso möglich, ein abschließendes Zitat einzubauen: ein kurzer passender Sinnspruch, der Kernsatz eines vorher verwendeten Gedichtes oder wenige Zeilen aus dem Text des Liedes, das im Anschluss gespielt wird. Da diese letzten Worte nicht mehr von späteren Worten überlagert werden, bleiben sie besonders in der Erinnerung haften.

Vorlagen einarbeiten

Gedichts- und Prosatexte

Dichterische Sprache führt über die Alltagssprache hinaus. Gedichte, Sinnsprüche, Zitate aus der Literatur, Verse aus der Bibel, Märchen, Lieder – eine große Anzahl von Texten sind für eine Trauerfeier geeignet. Ob klassischer oder moderner Text, bekannte oder unbekannte Autoren, verschiedene Sprachniveaus, Texte aus unterschiedlichen Kulturkreisen – wichtig für den Redner ist, den Text zunächst auf sich selbst wirken zu lassen, bevor er ihn in der Trauerfeier einsetzt. Texte sind kein schmückendes Beiwerk und sie sind auch nicht dazu gedacht, die Redezeit zu verlängern. Sie sprechen zu den Menschen und bergen mit ihren Bildern und überraschenden Verknüpfungen die Chance, das Leben des Verstorbenen und die Trauer der Angehörigen in einen größeren Rahmen einzubetten. Sie eröffnen Gedankenräume, die es vorher nicht gab. Dichterische Sprache zielt – anders als die analytische Sprache – nicht auf eine bestimmte Deutung ab.

Der gewählte Text muss nicht direkt etwas mit Sterben, Tod oder Trauer zu tun haben. Vielleicht erhellt er ein wichtiges Lebensthema des Verstorbenen, das den roten Faden für die gesamte Rede vorgibt. Die Information ist vielleicht, dass ein Verstorbener immer nach Lanzarote in den Urlaub gefahren ist. Sie kann der Schlüssel für die Frage sein, welche Qualitäten – vielleicht sind es Stille und Kargheit – der Verstorbene dort gesucht hat. Ein passendes Gedicht kann mit einer Stichwortsuche im Internet ausfindig gemacht werden. Die Vorzüge des immer gleichen Urlaubsziels sind vielleicht Vertrautheit, Heimat und Freundschaft. Es geht in erster Linie nicht um den Ort, sondern um die Eigenschaften, die dieser anzeigt. Situation und Gedicht dürfen sich gegenseitig stützen.

Werden mehrere Gedichte verwendet, können diese miteinander in Beziehung gesetzt werden. Die Bitterkeit des Todes in dem einen Vers erhält als Gegengewicht die Schönheit des Lebens in dem anderen Text. Ein Liebesgedicht meint speziell den Partner, während ein anderes Gedicht alle Anwesenden anspricht. Bei einem sehr gemischten Zuhörerkreis können die Texte einen unterschiedlichen Stil haben und dabei inhaltlich etwas Ähnliches ausdrücken.

Eine wirkungsvolle Methode, bei einem schwierigen Thema eine angemessene Distanz zu wahren oder eine eigene Einschätzung zu verstärken, ist das Zitieren. Mit Zitaten von bekannten Autoren kann der Redner ein wenig hinter deren Autorität zurücktreten. Das wirft die Frage auf, welche Kriterien beim Zitieren zu beachten sind. Ein Zitat muss von dem genannten Autor stammen. Es darf nicht verfälscht sein oder den Sinn entstellen, indem es aus dem Zusammenhang gerissen wird. Manchmal jedoch ist es sinnvoll, bei einem langen Gedicht nicht alle Strophen vorzutragen. Werden später bestimmte Bilder aufgegriffen, können diese sprachlich angepasst werden. Das einfachste Beispiel: Das Original verwendet die männliche Form, gestorben ist aber eine Frau. Auch wenn der Redner im Vortrag nicht jede zitierte Formulierung ausdrücklich als Zitat benennt, sollte in der Schriftform die Quelle angegeben werden. Bei Gedichten ist es ratsam, das Originalgedicht in voller Länge anzugeben, da sonst unvollständige und unkorrekte Fassungen in Umlauf kommen.

Vorlagen von Angehörigen

Manchmal geben Angehörige dem Redner etwas in die Hand, das er in der Trauerfeier vorlesen soll. Nicht immer ist aber ein solcher Text geeignet. In der Regel folgen die Angehörigen der Empfehlung, geeignete Inhalte auszuwählen und nur einzelne Passagen in die Rede aufzunehmen. Sollten Angehörige darauf bestehen, den Text, so wie er ist, zu verlesen, kann die Vorlage entsprechend eingeleitet werden: *„Die Familie von N. hat einige Gedanken vorbereitet, die ich jetzt stellvertretend für sie lesen werde."*

Als Vorlagen dienen auch Zeitungsanzeigen, Trauerkarten, Kondolenzbriefe oder persönliche Schriftstücke der Verstorbenen. Texte können zitiert, sie können aber auch gegen den Strich gelesen werden, das heißt, dass die Lesart verändert wird. Dadurch gibt man den Angehörigen eine neue Perspektive. Die Verbindung von Vertrautem mit einer neuen Deutung wird aufmerksam wahrgenommen.

Zitate

Notizen im Vorgespräch helfen, unmittelbare Zitate von Angehörigen und dem verstorbenen Menschen aufzugreifen. In den Worten erkennen die Angehörigen sich wieder. Weil sie in einem neuen Kontext zitiert werden, wirken sie nicht wie eine Wiederholung, sondern wie ein Spiegel, in dem die Angehörigen sich und ihre Beziehung zu dem Verstorbenen auf eine neue Weise sehen können.

Ein Zitat des Verstorbenen stellt die größtmögliche Nähe zu ihm her. In besonderen Fällen kann dem Verstorbenen auch ein Zitat in den Mund gelegt werden, um den Hinterbliebenen einen Weg aus dem Schmerz heraus aufzuzeigen. Ein solches Zitat muss unbedingt eingeleitet und als eine Möglichkeit gekennzeichnet werden: *„Und so könnte die Verstorbene zu Ihnen in Ihre Trauer hinein sagen...".* Das Zitat ist ein Element, das sorgfältig eingesetzt werden sollte. Wenn der Redner zu viel zitiert, werden sich die Trauergäste fragen, ob er nichts Eigenes zu sagen hat.

Homepages und soziale Netzwerke

Öffentlich vorhandene Informationen über einen Verstorbenen sind in der Regel mit wenigen Mausklicks erreichbar. Die Recherche über Suchmaschinen erschließt Zeitungsartikel, Webseiten, Blogs oder das Profil auf Facebook und anderen sozialen Netzwerken. Hier erhält der Redner Informationen, die die Angaben aus dem Vorgespräch ergänzen und das Bild abrunden können. Dabei ist zwischen Inhalten zu unterscheiden, die der Verstorbene selbst ins Internet gestellt hat, die andere zu Lebzeiten über ihn veröffentlicht haben und die nach seinem Tod online erscheinen.

Selbst veröffentlichte Inhalte finden sich auf den Webseiten der verstorbenen Person. Besonders für Freiberufler und Unternehmer ist eine eigene Internetpräsenz unverzichtbar, auf denen vor allem Informationen zum Beruf zugänglich sind. Ist ein Internetaktivist gestorben, gehört die Welt des Internets zu seiner Persönlichkeit. Das Web diente zur Selbstdarstellung und zur Pflege von Kontakten. Ein Blog zeigt die Weltanschauung, den persönlichen Stil und die Interessen des Verstorbenen. Anders als Profile in sozialen Netzwerken wie Facebook, Wer-kennt-wen, Xing oder Studi-VZ, die je nach Privatsphäreeinstellungen nur von wenigen Personen eingesehen werden können, sind diese Seiten uneingeschränkt öffentlich.

Des Weiteren veröffentlichen mittlerweile die meisten Zeitungsverlage die gedruckten Todesanzeigen automatisch auf ihren Internetportalen, auf denen sie mehrere Wochen lang abrufbar sind. Immer häufiger richten Familienangehörige bereits kurz nach dem Tod eine Gedenkseite ein. Dort drücken die Angehörigen und Freunde des Verstorbenen, aber auch Menschen, die zufällig auf die Seite stoßen, ihr Bedauern aus. Es lohnt sich, vor allem bei jungen Menschen, nach dem Facebook-Profil zu fragen. Darüber hinaus entwickeln sich diese Profile manchmal ohne Wissen der Angehörigen zu Kondolenzseiten.

Da all diese Informationen öffentlich sind, spricht nichts dagegen, sie auch zu verwenden. Wobei diese Form der Öffentlichkeit neben ihrem unbestreitbaren Nutzen auch ihre Schattenseiten hat. Nicht immer sind die Einträge auf der virtuellen Pinnwand freundlich. Gedenkseiten sind nicht gefeit vor Spameinträgen. Seiten der Persönlichkeit eines Verstorbenen, die die Angehörigen bewusst oder unbewusst ausgelassen haben, können sichtbar werden. Mit der nötigen Sensibilität ausgewählt, wirken Zitate aus Kondolenzeinträgen und Webseiten authentisch. Sie bereichern das Bild, das der Redner vom Verstorbenen zeichnet.

Liedtexte

Musik ist immer emotional. Gesungene Lieder bringen mehr noch als instrumentale Stücke die Gefühle ins Fließen. Lieder sind viel mehr als eine musikalische Umrahmung der Trauerfeier. Am intensivsten wirken die Lieder, die eine besondere Bedeutung für den Verstorbenen hatten. Sie sind verbunden mit einer Fülle von Erinnerungen. Aus diesem Grund gibt es kaum eine Musik, die nicht geeignet wäre, in der Trauerfeier gespielt zu werden.

Normalerweise lohnt es sich, die Liedtexte anzuschauen und Teile daraus zu zitieren. Das führt zu flüssigen Übergängen in der Rede. Allerdings sollten die Zitate in der deutschen Übersetzung sein. Auch im Zeitalter der Globalisierung kann nicht von allen Trauergästen erwartet werden, dass sie ohne Probleme englische Texte verstehen. Im Einzelfall kann ein Liedtext zum zentralen Anknüpfungspunkt für die gesamte Rede werden. Liedtexte finden sich entweder in der Beilage einer CD oder noch besser zugänglich, mit einer Recherche mit den Stichworten „Liedtext", „Titel", „Interpret" im Internet. Im Internet gibt es spezielle Datenbanken für Musik, die mit einer eigenen Suchfunktion ausgestattet sind. Selbst deutsche Übersetzungen englischsprachiger Lieder sind hier zu finden.

5. Beispielreden

Die folgenden Traueransprachen sind auf der Grundlage des vorgestellten Ansatzes entstanden. Eine Reihe der Beispielsätze sind diesen Reden entnommen. Die Namen, Daten und Zusammenhänge der zugrundeliegenden Todesfälle wurden verändert, um Rückschlüsse auf die konkreten Familien auszuschließen.

Florian – 24 Jahre

Der junge Mann starb am 1. Januar bei einem Autounfall. Mit dem Datum wird zunächst einmal Silvester feiern und Alkohol assoziiert. Doch Florian trank keinen Alkohol. Ein anderer war nicht so vernünftig wie er.

Musik: Enya *„Orinoko Flow"*	(instrumental)
Liebe Familie D., liebe Familie F., liebe Angehörige, liebe Freunde und Freundinnen von Florian,	Begrüßung, Nennung der wichtigen Namen
Florian ist tot. Am 1. Januar ist er bei einem Unfall gestorben. Sie alle kennen die Bilder aus der Zeitung. Einige von Ihnen haben seinen Körper gesehen. Ein tödlich verletzter Mensch. Ein Körper, aus dem das Leben gegangen ist. Unfassbar, unabänderlich und endgültig ist sein Tod.	Der Schock über den Unfalltod wird gespiegelt
Wo ist er jetzt? Nicht sein toter Körper, sondern das, was ihn ausgemacht hat, sein Wesen, seine Lebendigkeit. Wo ist das Leben hingegangen? Alles hat er zurückgelassen, und all das erinnert daran, dass er nicht mehr da ist. Einzig in Ihrer Erinnerung bleibt Florian für Sie gegenwärtig. Wahrscheinlich sind Sie heute von den unterschiedlichsten Gefühlen bewegt, denn der Tod von Florian passt nicht in unser Bedürfnis nach einer geordneten und heilen Welt und einem friedlichen Sterben. Eltern wünschen sich, dass ihre Kinder nach ihnen sterben. Jeder, der ihn kannte, muss nun damit leben, dass vielleicht manches offen geblieben ist, was nicht gesagt und getan wurde.	Aufgreifen der Situation und der Fragen der Anwesenden

An den Anfang dieser Trauerfeier stelle ich einen Text von W.H. Auden, der treffend ausdrückt, dass es nicht geht, seinen Tod einfach so hinzunehmen. Der Sarg steht vor Ihnen, und die Klage ist in Ihnen:	Einleitung des ausgewählten Textes
Stoppt jede Uhr *lasst ab vom Telefon.* *Verscheucht den Hund, der bellend Knochen frisst, den rohen,* *lasst schweigen die Pianos – und die Trommeln schlagt,* *bringt heraus den Sarg und – ihr Klager – klagt.* *Lasst die Flieger kreisend „Trauer sei geboten!"* *an den Himmel schreiben, „Er ist tot!"* *Straßentauben gebt an den Hals starre Kreppkragen,* *Polizisten lasst schwarze Handschuhe tragen.* *Er war mir Nord, mir Süd, mir Ost und West,* *des Sonntags Ruh und der Woche Stress,* *mein Tag, mein Gesang, meine Rede, meine Nacht,* *Ich dachte, Liebe währet ewig – falsch gedacht.* *Sterne sind jetzt unerwünscht.* *Will nichts seh'n davon.* *Verpackt den Mond,* *zertrümmert die Sonne,* *fegt weg den Wald und die Meeresflut,* *nie wird es sein, so wie es war,* *nie wieder gut.* (W.H. Auden)	Gedichtstext
Es sind viele gekommen und viele von Ihnen sind sehr bewegt, denn mit Florian ist ein Mensch gegangen, der Liebe, Freundschaft und Freude in Ihr Leben gebracht hat.	Verbinden des Textes mit der Situation der Anwesenden

Er ist sehr plötzlich gestorben. Es war kein langsames Weggehen, das Zeit für einen bewussten Abschied lässt. Sein Tod berührt das eigene Herz. Mit den Erinnerungen kommt der Schmerz, der immer wieder aus dem eigenen Inneren hervorbricht. Manchmal fühlt er sich so an, als würde er einen zerreißen. Kein Licht.	
Man möchte den Mond verpacken und die Sonne zertrümmern. *„Nie (wieder) wird es sein, so wie es war".*	Zitat
Sein Körper wird verbrannt und zu einem späteren Zeitpunkt in der Erde beigesetzt. Er wird nicht mehr sichtbar und greifbar sein. Mit dem Tod von Florian verändert sich Ihr Leben. Sie sind alle hierher gekommen, diese Veränderung zu begreifen und zu vollziehen. Vor ein paar Tagen noch haben sie mit ihm gesprochen, haben mit ihm zusammen den Jahreswechsel gefeiert, haben ihn gesehen. Jetzt ist er plötzlich nicht mehr da. Ein anderer hat den Unfall überlebt, er wird sein ganzes Leben lang die Bürde der Verantwortung für den Unfall tragen. Immer wieder führen die Erinnerungen an die Ereignisse heran. Als sie von seinem Tod erfahren haben, den Zeitungsbericht lasen. Die ersten Kontakte zu anderen, die ihn kannten: das kann nicht wahr sein. Florian tot!	Funktion der Trauerfeier
Fragen kommen: Warum gerade er? Weshalb hat er das Auto genommen? Was waren seine letzten Gedanken? Was fühlte er in seinen letzten Momenten?	Besonders bei Unfalltod treten die Fragen nach dem „Warum" auf
Mit den Fragen ist das so eine Sache. Gerne würden wir begreifen, doch mit unserem gewohnten Werkzeug, dem Verstand, ist der Tod nicht zu begreifen. Jemand hat das einmal so ausgedrückt:	Umgang mit den Fragen

Ich glaube, dass es irgendwo *eine Antwort gibt,* *dass aber die falschen Fragen* *gestellt werden.* *Oder aber dass überhaupt keine Fragen gestellt werden müssen.* (Christopher Leach)	Zitat
Welches sind die richtigen Fragen? Woher kommt die Antwort? Was geschieht, wenn wir das Fragen lassen? Wenn es gar keiner Frage bedarf? Was dann bleibt ist Stille. Doch es nicht die Stille, die in dem Lied *„Sound of silence"* besungen wird, das wir gleich hören werden.	Überleitung zum zweiten Lied
Dort heißt es: *„Eine Vision schleicht sich langsam heran, (…) sie bleibt im Klang der Stille. Menschen unterhalten sich, ohne zu sprechen. Menschen schreiben Lieder, die nie gesungen werden und niemand wagt es, den Klang der Stille zu stören."* *„Narren,"* sagte ich, *„ihr wisst nicht, dass die Stille wie Krebs wuchert. Hört meine Worte, so dass ich euch lehren kann. Nehmt meine Arme damit ich euch erreichen kann."*	Ausschnitt aus dem Lied in deutscher Übersetzung
Musik: Paul Simon *„Sound of Silence"*	(gesungen/englisch)
„Hört meine Worte. Nehmt meine Arme." Man könnte ergänzen: Hört auf die Stille, aber wagt es auch, den Klang der Stille zu stören. Schreibt Lieder, die gesungen werden. Unterhaltet euch und sprecht miteinander. *„Der Klang, die Stille, das Leben, das Sterben"* gehören untrennbar zusammen. Denn ohne Klang gäbe es keine Stille, ohne das Leben kein Sterben. Ohne das gemeinsame Leben mit Florian in allen Facetten und Begegnungen gäbe es nichts, das jetzt in der Stille nach seinem Tod nachklingen würde.	Überleitung zum Lebenslauf Aufgreifen des Stichwortes *„Stille"*

Vieles klingt nach. Es gibt äußere Daten seines Lebens, seine Geburt im Januar 1988, seine Schulzeit, seine Ausbildung zum Druckvorlagenhersteller, seine Jobs, die Zeiten seiner Arbeitslosigkeit. Ab Februar hätte er eine feste Arbeit gehabt. Endlich eine Perspektive in einer zermürbenden Situation. Doch das Wesentliche verbirgt sich jenseits aller Daten. Was Florian ausgemacht hat, war seine Persönlichkeit. Diese spiegelt sich wider in den Aussagen von Menschen, die ihn gekannt und geliebt haben. Ich lese einige Ausschnitte aus der Kondolenzseite aus dem Internet.	Persönliches aus dem Leben des Verstorbenen
„Du hast etwas sehr Eigenes und Tiefgründiges in Deiner Seele und hast mich durch viele Aussagen beeindruckt." *„Vielen von uns hast Du die Sonne ins Leben gezaubert, mit Deinem immer währenden Lächeln und deinen lieben Augen. Stets hattest du ein offenes Ohr und ein großes warmes Herz, warst für jeden da, hast nie Unterschiede zwischen den Menschen gemacht. Doch dann von einer Minute auf die andere bist Du weg, ohne ein Wort des Abschieds."* *„Tee mit Honig trinken und Musik hören, das ist Glück.* *Sich freuen über einen Freund,* *weil er sich über Kleinigkeiten freut, das ist Glück.* *Nichts wollen, wunschlos sein, das ist Glück.* *Und hier und jetzt sein, ganz im Augenblick:* *Morgen kommt zu spät und gestern war einmal.* *Ich wünsche Dir, mein Freund, dort, wo du jetzt bist, den Frieden, den du dir immer gewünscht hast!"*	Zitate aus der Gedenkseite im Internet

Dabei hatte Florian es nicht immer einfach im Leben. Er musste damit klar kommen, dass seine Eltern nicht zusammenlebten und dass er nicht zusammen mit seiner Schwester Martina aufgewachsen ist. Er hat erfahren, dass es nicht einfach ist, einen Platz im Leben zu finden, an dem er sich nicht verbiegen und anpassen muss. Er wollte sich treu bleiben. Hatte immer Pläne, konnte vieles nicht umsetzen. Er wollte eine Arbeit, hinter der er ganz stehen kann.	Brüche im Leben benannt
Er hat viel Freude in das Leben anderer Menschen gebracht. Und er bleibt als freudiger Mensch in Erinnerung, der nie schlecht über andere geredet hat. Der in jedem das Gute suchte. Er war eine Anlaufstelle für seine Freunde, man traf sich bei ihm. Wer ihn näher kannte, wusste auch um seine Schattenseiten. Die Tage, an denen er nicht raus konnte, Orientierung suchte in den vielen Fragen, die ihn beschäftigten. Vor fast zehn Jahren war er für einige Monate bei seiner Tante Marion und ihrer Familie in Kanada gewesen. Später hat er seinen zwanzigsten Geburtstag dort gefeiert. Es war eine wichtige und prägende Zeit für ihn. Er kam verändert zurück. Auch mit dem Wunsch, irgendwann selber auszuwandern, die Enge in Deutschland hinter sich zu lassen, in ein Land zu gehen, in dem er Weite und Freiheit erfahren hat. Weite und Freiheit – Ausdrücke für die tiefste Sehnsucht eines Menschen. Florian hat sie gesucht, in unzähligen tiefen Gesprächen über Gott und die Welt, über Spiritualität, über das Leben.	Gelungenes und Weltsicht

Jeder, der mit dem Sterben so hautnah in Berührung kommt, entwickelt eine eigene Vorstellung davon, was im Sterben geschieht und was nach dem Tod kommt. Es ist eine Perspektive, die etwas weiter Abstand nimmt von den unmittelbaren Gefühlen und der tiefen Betroffenheit. Es ist als würde man ein paar Schritte zurückzutreten, um noch mehr sehen zu können als das, was unmittelbar vor einem ist. Gleichzeitig fordert der Verlust eines nahe stehenden Menschen auch dazu heraus, sich mit dem eigenen Sterben auseinanderzusetzen. Da ist der eigene Tod ganz nah und man spürt etwas von dem Unbegreiflichen, Unsagbaren.	Perspektivenwechsel auf allgemeine Aussagen über Tod, Abschied und das Leben ohne den Verstorbenen
Sie sind hier, um Abschied zu nehmen. Florian hatte einen Platz in Ihrem Leben, der sich nun verändert. Sie sind ein längeres oder kürzeres Stück des Weges gemeinsam mit ihm gegangen. Jetzt ist der Platz an Ihrer Seite leer, Sie müssen Abschied nehmen und gehen alleine weiter. Dieser Begriff ‚Abschied nehmen' hat eine tiefere Bedeutung. Alles, was Sie an Gutem von ihm bekommen haben, gilt es, jetzt ganz zu nehmen – ganz in ihr Herz aufzunehmen. Helfen Sie sich gegenseitig in der Zeit der Trauer. Sprechen Sie miteinander über sein Leben, erinnern Sie sich gegenseitig an das, was er Ihnen gegeben hat. Dann hat er einen bleibenden Platz in Ihren Herzen.	Abschluss
Was wir nicht halten können, geben wir aus unseren Händen. Wir geben Florian in die Hände der Kraft, die größer ist, als wir selbst es sind und mit der Florian sich zu verbinden wusste.	Einleitung Gebet

Heile seinen Geist, von allen Wunden, *die sein Herz in diesem Leben der Begrenzungen erlitten hat.* *Reinige sein Herz mit deinem Licht.* *Lass ihn weitergehen auf seinem Weg,* *der ihn immer mehr zu sich selbst führen wird.* *Öffne unser Herz, dass wir Deine Stimme vernehmen,* *die ständig in unserem Innern erklingt.* *Enthülle uns Dein Licht, damit wir das Leben besser erkennen und verstehen. Amen*	Gebet
Musik: Cybertribe *„Reaching the Ocean"*	(instrumental)

Christine – 44 Jahre

Der Rahmen der Trauerrede war eine kirchliche Feier. Gemeinsam wurden Kirchenlieder gesungen, der Pfarrer hielt eine kurze Verkündigungspredigt und sprach die Gebete. Mein Auftrag war die persönliche Ansprache. Zwei Wochen vor ihrem Tod lernte ich Frau B. kennen. Sie wollte mit mir ihre eigene Trauerfeier vorbereiten. Die Familie betreibt eine Gärtnerei. Um den Sarg war Rollrasen ausgelegt, in dem bunte Blumen steckten. Diese wurden am Ende an die Trauergäste verteilt.

Lieber Herr B., liebe Melanie, liebe Rafaela, liebe Familie R., liebe Angehörige, Freundinnen und Freunde von Christine, liebe Trauergäste.	Begrüßung, Nennung der wichtigen Namen
„Hast du Angst vor dem Tod?“ – so fragt der kleine Prinz die Rose. Die Rose antwortet: „Aber nein. Ich habe doch gelebt. Ich habe geblüht und meine Kräfte eingesetzt, soviel ich konnte.“ Das mit dem Leben ist so eine Sache. Wer kann schon von sich sagen, dass er voll gelebt hat. Dass es nichts gibt, das er vor sich her schiebt. Vielleicht einem anderen Menschen etwas sagen, was er sich bisher nicht getraut hat. Zeigen, wie sehr er einen anderen liebt oder ihn braucht. Etwas aussprechen, was der andere gar nicht gerne hören will, was aber ausgesprochen werden muss.	Einleitung Text auf der Trauerkarte wird aufgegriffen
Was würden Sie heute und hier sagen, wenn Sie vom kleinen Prinzen gefragt würden: *„Hast du Angst vor dem Tod?“* Einige werden vielleicht sagen: *„Aber nein, vor dem Tod habe ich keine Angst. Vor dem Sterben aber, da hätte ich Angst. Angst, Schmerzen zu erleiden oder allein gelassen zu werden, wenn ich auf die Hilfe anderer angewiesen bin.“* Einige werden sagen, wie es die Dichterin Mascha Kaléko einmal ausgedrückt hat:	Direktes Ansprechen der Trauergäste

Vor meinem eigenen Tod ist mir nicht bang, *nur vor dem Tod derer, die mir nahe sind.* *Wie soll ich leben, wenn sie nicht mehr da sind? (…)* *Das Gehen schmerzt nicht halb so wie das Bleiben. (…)*	Zitate aus dem Gedicht „Memento"
Christine ist von der Diagnose ihrer Erkrankung vor vier Jahren bis zu ihrem Tod vor einer Woche einen weiten Weg gegangen, um am Ende sagen zu können: *„Ich bin erfüllt."*	Krankheitsverlauf Zitat (Verstorbene)
Auf ihrem Weg fragte sie auch *„Warum?"* Manch einer von Ihnen wird sich diese Frage auch gestellt haben: Warum muss Christine mit 44 Jahren sterben. Das ist doch kein Alter. *„Sollen doch die Neunzigjährigen nach einem langen und erfüllten Leben sterben."* Doch nicht Christine. Sie hat zwei Töchter, die sie noch brauchen. Frau B. hat mir erzählt, dass sie es bedauert, nicht an der Seite ihres Mannes 80 Jahre alt zu werden und vielleicht in ein paar Jahren Enkelkinder auf ihrem Arm halten zu können.	Direktes Ansprechen der Trauergäste Zitat (Verstorbene) Zitat (Angehörige)
Am Ende spielten diese Fragen keine Rolle mehr. Sie spürte nur noch Dankbarkeit für ihre tolle Familie, den tollen Mann und die Jahre, die sie mit ihnen erlebt hat. *„Die Kinder sind das größte Geschenk."* Sie war überrascht, wie vielen Menschen sie wichtig war und drückte ihre Dankbarkeit aus, dass die Freundinnen und Freunde einfach gekommen sind und sie unterstützt haben mit Worten, einem selbst gebackenen Kuchen hier, einem kleinen Geschenk da, vor allem aber mit ihrem Dasein. So viel Fürsorge und Gutes. Sie hatte eine so liebenswerte Eigenheit. Weil ihr Harmonie und die Verbindung zu anderen so wichtig waren, wollte sie nichts verkehrt machen und entschuldigte sich immer wieder für alles Mögliche. *„Entschuldigung, dass es hier so aussieht. Tut mir leid, dass ich jetzt eine Jogginghose anhabe. Dass ich kein Kopftuch aufhabe."* Wenn sie es einmal vergaß, sich zu entschuldigen, wurde sie scherzhaft darauf hingewiesen: *„Du hast dich heute noch gar nicht entschuldigt."*	Zitate (Verstorbene) Zitat (Freunde)

Fast könnte man meinen, dass sie gerade sagen würde: *„Entschuldigung, dass einige von euch eine so weite Anreise hatten, um heute hier zu sein."*	Zitat (der Verstorbenen in den Mund gelegt)
In dem Gedicht von Mascha Kaléko heißt es weiter: *Bedenkt: den eignen Tod, den stirbt man nur,* *Doch mit dem Tod der andern muss man leben.*	Aufgreifen des Gedichts *„Memento"*
Vielleicht hat Christine geahnt, dass das Gehen nicht halb so viel schmerzt wie das Bleiben als sie betonte:	Motiv des Gedichtes aufgegriffen
„Ich werde da sein, in einer anderen Dimension. *Ich werde immer in irgendeiner Form präsent sein."*	Zitat (Verstorbene)
So hat sie es selbst erlebt. Als ihre Mutter starb, da war sie fünfzehn Jahre alt. Sie erlebte ihre Mutter innerlich präsent. Sie war mit ihr im Gespräch. Sie hat den Tod der Mutter zusammen mit ihrem Vater und ihrem Bruder erlitten und ertragen. Doch diese Erfahrung hat sie nicht davon abgehalten, selbst eine Familie zu gründen. Das Leben drängt einfach weiter.	Wichtiges Ereignis im Lebenslauf
Dennoch hatte sie sich Ziele gesetzt, die sie in ihrem Körper wohnend, noch erleben wollte: den Urlaub auf der Insel, den Besuch ihres Patenkindes in München und den Schulabschluss von Melanie. Alle drei Ziele hat sie erreicht. Das Meer hat sie immer schon geliebt. Früher war sie mit ihren Eltern und ihrem Bruder Klaus am Mittelmeer gewesen. Mit ihrer eigenen Familie war sie lieber im Norden, an der Nordsee, in der Bretagne, an der schottischen Küste. Dort ist es salzig, kraftvoll und weit. Sie fühlte sich dort gleichermaßen kraftvoll, frei und geborgen. Auf der Insel hat sie sich besonders wohl gefühlt. In ihrer Tanztherapie tanzte sie mit dem inneren Bild, im Meer zu tanzen, wie ein Vogel über das Meer zu fliegen oder wie ein funkelnder Stern auf dem Wasser zu tanzen.	Persönliches und Allgemeines verbunden

Bei ihrer Hochzeit wurde eine Textstelle aus dem kleinen Prinzen gelesen, in der es heißt: *„Du bist zeitlebens für das verantwortlich, was du dir vertraut gemacht hast."* Diesen Hinweis hat Christine gelebt. Sie hat sich verantwortlich gezeigt, für die Menschen in ihrer Nähe, besonders für ihre Familie. Die Abschiedsfeier heute hat sie mitbedacht. Es war ihr wichtig, dass die Trauerfeier nicht nur traurig, sondern auch fröhlich sein soll, auf alle Fälle friedvoll.	Anknüpfen an den Eingangstext und die Hochzeit
Herr B., Sie werden nie wieder der gleiche sein. Alle Menschen, die Sie kennen, wissen das. Sie haben zwei Möglichkeiten. Sie können verschlossener werden oder Sie können weicher werden. Sie können mit dieser Erfahrung beschließen, dass Sie niemanden, Gott eingeschlossen, je wieder trauen können oder Sie können zulassen, dass diese Erfahrung, Ihre Frau zu verlieren, Sie weicher macht. Sie können es zulassen, dass Ihre Tränen die Mauern um das Herz zum Schmelzen bringen. Dann werden Sie mitfühlend und verstehend anderen Menschen begegnen können.	Direktes Ansprechen des Ehemanns
Melanie und Rafaela. Ihr habt eure Mutter gehen lassen müssen. Junge Frauen brauchen die Mutter, um an ihrem Beispiel erleben zu können, wie es geht, als Frau in dieser Welt zu sein. Deshalb wünsche ich euch, dass die älteren Frauen hier aus dem Kreis, die Freundinnen und Patinnen, freundlich zu euch hinüber schauen und ihr euch traut, sie zu fragen, wenn ihr nicht mehr weiter wisst.	Direktes Ansprechen der beiden Töchter
„Hast du Angst vor dem Tod?" – so fragt der kleine Prinz die Rose. Die Rose antwortet: „Aber nein. Ich habe doch gelebt. Ich habe geblüht und meine Kräfte eingesetzt, soviel ich konnte. Und Liebe tausendfach verschenkt. So will ich warten auf das neue Leben und ohne Angst und verzagen verblühen."	Aufgreifen und Fortführen des Textes vom Beginn

Die Wiese, die vielen Blumen, die kraftvollen Farben auf dem Sarg, die sind so ganz anders als das, was die meisten von uns von Beerdigungen kennen. Der Abschied heute ist eine Feier Ihres gemeinsamen Lebens, eines blühenden Lebens. In der gleichen Intensität, in der Sie die Liebe spüren, spüren Sie den Schmerz. Das bleibt nicht aus.	Aufgreifen der Raumgestaltung
Doch ich bin mir sicher, dass Christine nicht wollte, dass alle die Köpfe hängen lassen, wie Blumen, die kein Wasser bekommen. Sondern dass Sie diese Blumenwiese anschauen und erkennen, dass jede Blüte zu ihrer Zeit vergeht. Die anderen aber nähren sich von der Liebe und dem Kontakt zu anderen Menschen. Sie blühen, was das Leben hergibt und so lange ihr Leben dauert.	Abschluss

Martha – 94 Jahre

Eine Frau stirbt in hohem Alter. Sie hat zwei Weltkriege erlebt und viele Familienmitglieder sind in dieser Zeit gestorben. Es war der Wunsch der Angehörigen, die Feier christlich zu gestalteten.

Musik: Ave Maria	(instrumental Orgel)
1 – Gott, du warst unsere Zuflucht von Geschlecht zu Geschlecht. *2 – Ehe die Berge geboren wurden, die Erde entstand und das Weltall, bist du, o Gott, von Ewigkeit zu Ewigkeit.* *3 – Du lässt die Menschen zurückkehren zum Staub und sprichst: „Kommt wieder ihr Menschen!"* *4 – Denn tausend Jahre sind für dich wie der Tag, der gestern vergangen ist, wie eine Wache in der Nacht.* *5 – Von Jahr zu Jahr säest du die Menschen aus; sie gleichen sprossenden Gras.* *6 – Am Morgen grünt es und blüht, am Abend wird es geschnitten und welkt.* *10 – Unser Leben währt siebzig Jahr, und wenn es hoch kommt, sind es achtzig. Das Beste daran ist nur Mühsal und Beschwer, rasch geht es vorbei, wir fliegen dahin. (Einheitsübersetzung.)* *12 – Lehre uns bedenken, dass wir sterben müssen, auf dass wir klug werden. (Luther-Übersetzung)*	Einleitungstext aus Psalm 90
Liebe Familie M., liebe Frau K., liebe Angehörige der Verstorbenen, liebe Trauergäste,	Begrüßung, Nennung der wichtigen Namen
Sie sind zusammengekommen, um von Martha M. Abschied zu nehmen. Sie ist am vergangenen Samstag im Alter von 94 Jahren gestorben. Ihr Tod hat Sie alle heute zusammengeführt.	Aufgreifen der Situation

Sie hat ein gesegnetes Alter erreicht. Nach und nach ließen ihre Kräfte nach. Sie ist zuhause gestorben, in der Begleitung der Menschen, die ihr auch im Leben wichtig waren. Sie gehörte bislang ungefragt dazu und war bei allen Familienfesten mit dabei. Es ist unbegreiflich, dass sie nun nicht mehr da sein wird. Erst nach und nach wird spürbar werden, was es bedeutet, dass sie nicht mehr bei Ihnen ist.	
Im gemeinsamen Leben mit Martha M. kommen einem in manchen Momenten die Jahre vor wie ein Augenblick. Besonders die wichtigen Lebensstationen, Hochzeit, Geburt der Kinder, der Enkelinnen und Urenkel, der letzte Geburtstag, den Sie gemeinsam gefeiert haben, werden in der Erinnerung wieder lebendig. Genauso ist es mit der Menschheitsgeschichte, in die jeder Mensch eingebettet ist, einzigartig und unverwechselbar. Tausend Jahre sind hier wie ein Tag, wie es in Psalm 90 heißt. Ein einzelnes Menschenleben erscheint wie das Gras, das am Morgen wächst und am Abend geschnitten wird und welkt. Wir sind eingebunden in eine Ewigkeit. Eine Ewigkeit, die keine Dauer kennt. Die nicht in Tagen und Jahren zählbar ist. Die so alt ist, wie die Berge, die Entstehung der Erde und des Weltalls. Wer sich dieser größeren Perspektive bewusst ist, der spürt Gott in jedem Moment seines Lebens, weil er das Leben selbst ist.	Einleitung der persönlichen Daten in Verbindung mit dem Psalmtext
„Ehe die Berge geboren wurden, die Erde entstand und das Weltall, bist du, o Gott, von Ewigkeit zu Ewigkeit."	Zitat aus dem Psalm

Für Sie geht mit dem Tod von Martha M. eine lange, für die meisten von Ihnen eine lebenslange Beziehung zu Ende. Das stellt die Frage auch nach dem eigenen Leben. Wie wird es mir einmal gehen? Wie lange habe ich noch, wie lange die Menschen, mit denen ich zusammen lebe? Sie fangen an, über die Verstorbene nachzudenken und damit zugleich über sich selbst. Was hat mich an ihr gefreut? Wofür bin ich dankbar?	Offene Frageform
Vielleicht wird bei diesen Gedanken deutlich, dass das Leben oft nicht glatt und sicher dahin läuft. Martha M., geborene D., wurde im Dezember 1907 in W. geboren. Zusammen mit fünf Geschwistern ist sie dort aufgewachsen. Mit Kind und Kegel ist die Familie 1920 nach Hamburg umgezogen. Ihr Leben lief alles andere als glatt. Sie hat viel erlebt und auch erlitten. Die Jahre des Lebens, die viele als ihre besten bezeichnen, waren bei ihr voller *„Mühsal und Beschwer"*. Zwei Weltkriege hat sie erlebt. Ihr Vater war als Soldat im Ersten Weltkrieg, zwei ihrer Schwestern starben sehr jung. Das Leben war von harter Arbeit geprägt. Sie arbeitete zehn, zwölf, manchmal vierzehn Stunden täglich. Zwischen den Kriegen, im Jahr 1927, hat sie ihren Mann P. geheiratet und eine Lehre als Schneiderin gemacht. Den Zweiten Weltkrieg hat sie dann als Mutter erlebt. Drei ihrer Kinder sind gestorben als sie ganz klein waren. Zuletzt K., die nach einer Bombennacht geboren nichts zum Leben vorfand. Die Familie war ausgebombt, was sie zurückgelegt hatten, war gestohlen worden. Wer es nicht selbst erlebt hat, kann sich heute nicht vorstellen, was es bedeutete, in Kriegszeiten zu leben und der Angst und dem Schmerz in einer solchen Weise ausgeliefert zu sein.	Lebenslauf, persönliche Daten, Eingehen auf ein schweres Schicksal Zitat

Sie hat es erlebt in einer Dichte, die nur wenigen Menschen zugemutet wird. Ein jüdisches Sprichwort sagt: *„Eine Frau, die den Verlust eines Kindes durchgemacht hat, erschrickt nicht mehr."* Sich von einem Kind zu trennen ist das Schmerzhafteste was Eltern zustoßen kann.	Zitat zur Einbindung eines schweren Schicksals in Menschheitsgeschichte
Doch zu allen Zeiten gibt es die Sehnsucht nach Normalität. Nach dem Krieg versuchte man, die Schrecken des Krieges hinter sich zu lassen und ein neues Leben aufzubauen. Die Verstorbene hat viel gearbeitet, zusammen mit ihrem Mann hat sie eine neue Existenz aufgebaut, um ihren beiden Söhnen eine bessere Ausgangsbasis für das weitere Leben zu bieten. In den fünf Enkelinnen und den sechs Urenkeln ist es gut weiter gegangen. Das Leben wird weitergegeben, egal wie die äußeren Umstände sich gestalten. In ihrem Leben ist sie nur wenige Male weggefahren, zu den Geschwistern in die USA, mal nach Mallorca, mal in den Bayrischen Wald. Lieber war sie zu Hause. In den ersten Jahren hat sie auf ihre Enkelin C. aufgepasst. Sie hatte gerne Kinder um sich, und wer weiß – vielleicht waren sie die Erinnerung an das Leben, das sie als große Familie selber gehabt hätte. Ein schwerer Einschnitt war der Tod ihres Mannes. Sie sorgte sich um ihre Schwester, las die Zeitung, nähte und werkelte in ihrem Haushalt und pflegte eine gute Nachbarschaft. Sie wollte niemandem zur Last fallen und konnte es genießen, wenn sie einfach dabei sein konnte.	Gegengewicht zum schwerem Schicksal
Sie war *„die Vorsitzende ihres Jahrgangs"*, denn es ist klar: Wenn eine wie sie auf die Hundert zuging, gibt es unter ihren Freunden mehr Tote als Lebende. Ihre Eltern, alle Geschwister, vier ihrer Kinder, Menschen die sie geliebt hat, viele Freunde – sie alle sind vor ihr gegangen. In ihrem Inneren war sie immer mit ihnen verbunden.	Zitat (Angehörige)

„Ich will nicht mehr" und *„für mich ist es Zeit"* – hat sie gesagt. Jetzt hat auch sie die Schwelle überschritten und ist gestorben. Von einem Moment auf den anderen ist sie aus der Zeit in die Zeitlosigkeit hinüber gegangen. Entspannt und ruhig sah sie aus. Der Psalm 90 sieht das sehr realistisch:	Zitat (Verstorbene)
„Lehre uns bedenken, Gott, dass wir sterben müssen, auf das wir klug werden." Dieser Spruch hat eine doppelte Spitze: Zum einen macht er uns darauf aufmerksam, dass wir sterben müssen. Eigentlich eine banale Aussage, jedes Kind weiß das. Aber wenn wir ehrlich sind, dann ist uns dies im Blick auf uns selbst nur sehr selten wirklich bewusst. Wörtlich heißt der Spruch: Lehre uns, unsere Tage zu zählen. Was ich zähle, nehme ich ganz bewusst wahr, und darauf weist mich der Spruch hin: Nimm deine Tage wirklich wahr und ernst, denn jeder Tag könnte dein letzter sein. Zum anderen ist dieser Spruch ein Gebet. *„Lehre du mich, Gott, meine Tage zählen, auf das ich klug werde."* Wenn ein Mensch stirbt, der uns nahe stand, berührt uns das in unserem Innersten. Martha M. ist gestorben, doch das, was sie ausgemacht hat, bleibt. Das Rätsel, was im Sterben wirklich geschieht, ist nicht zu lösen. Geburt und Tod sind eng miteinander verwoben. So wie wir in diese Leben hineingeboren werden, so sterben wir hinaus. Sie ist gegangen, Urenkel N. und K. sind gerade auf die Welt und in Ihre Familie gekommen. Zwischen diesen beiden Polen spielt sich alles ab, jeder Abschied und jeder Neubeginn.	Aufgreifen des Einleitungstextes

Abschied nehmen bedeutet, ihrem Sterben zuzustimmen, weil es ihre Zeit war zu gehen. Abschiednehmen bedeutet auch, ihren Tod ganz aus den Händen zu geben. Und weiterzugehen, das eigene Leben zu gestalten und in Fülle zu leben. Ich wünsche Ihnen die Gewissheit, dass Martha M. im Sterben bereit war, dem letzten Ruf ihres Lebens zu folgen, und die Gewissheit, dass wir alle im Leben und im Sterben, in allen schwierigen Zeiten und in allen Zeiten der Trauer und des Schmerzes unendlich sanft getragen und geleitet sind. Dieses Wissen des Herzens möge Ihnen die Kraft geben, in eine Welt hineinzugehen, in der sie die Trauer um die Verstorbene spüren und gleichzeitig die Freude und die Dankbarkeit, mit ihr gelebt zu haben.	Abschluss Allgemeine Aussagen über Tod und Abschied; Zuspruch
Martha M. fand in ihrem Leben Halt im Glauben an einen liebenden Gott, ihm hat sie das Schwere ihres Lebens anvertraut. So bitten wir für die Verstorbene und für uns selbst:	Einleitung Gebet
Guter Gott, weiter Raum, lichtvolle Wirklichkeit, *unsere Sprache ist arm dran,* *wenn wir dein Wesen begreifen wollen.* *Führe uns über alles Begreifen hinaus.* *Hilf uns, unsere Fesseln zu durchtrennen.* *Nimm Martha M. zu dir auf.* *Sie ist uns nur vorausgegangen.* *Wir selbst leben noch eine Weile weiter,* *dann kommen wir auch.* *Halte uns in Deiner Hand, wenn wir es wagen* *uns dem Schmerz zu öffnen,* *der uns zu immer größerer Liebe bringt.* *Hilf uns, ihr Schicksal zu achten,* *Und hilf uns, das Leben, das uns geschenkt ist* *ganz zu leben und bis an seine Grenzen zu füllen. Amen*	Gebet
Musik: Ave Maria	(instrumental Orgel)

Walter – 87 Jahre

Ein Mann stirbt in hohem Alter. Gewünscht war eine nichtchristliche Feier. Ein wichtiger Ort für den Verstorbenen war Lanzarote. Das zweite Gedicht habe ich durch eine Stichwortsuche im Internet in einer Datenbank für Gedichte gefunden.

Musik: On the Streets (Baka – Outback)	(instrumental)
Jede Blüte will zur Frucht, *Jeder Morgen Abend werden.* *Ewiges ist nicht auf Erden* *Als der Wandel, als die Flucht.* *Auch der schönste Sommer will* *Einmal Herbst und Welke spüren* *Halte Blatt, geduldig still,* *Wenn der Wind dich will entführen.* *Spiel dein Spiel und wehr dich nicht,* *Lass es still geschehen.* *Las vom Winde, der dich bricht,* *Dich nach Hause wehen.* („Welkes Blatt“ – Hermann Hesse)	Einleitungstext
Mit diesen Worten des Dichters Hermann Hesse begrüße ich Sie, liebe Frau R., liebe Familie N. und alle Angehörige und Freunde, die heute gekommen sind, um von Walter R. Abschied zu nehmen.	Begrüßung, Nennung der wichtigen Namen
Walter R. ist vor wenigen Tagen gestorben. Vor uns steht die Urne, die die Asche seines Körpers enthält. Es ist kaum vorstellbar, dass sie den Menschen umfasst, den Sie alle kannten und mit dem Sie verbunden sind.	Aufgreifen der Situation

Der Tod eines Menschen bringt uns mit unserer eigenen Sterblichkeit in Kontakt. Wenn ein Mensch stirbt, mit dem man das Leben geteilt hat, der Jahre und Jahrzehnte einfach dazu gehörte, dem man als Kind das eigene Leben verdankt, mit dem man befreundet war, dann berührt es das eigene Herz. Es berührt den Raum in unserem Inneren, in dem alle Begegnungen, alle schönen und auch die schmerzhaften Erinnerungen Spuren hinterlassen haben. Nach einer Zeit der Krankheit, die ihn zusehends schwächer werden ließ, hat er sich vom Wind entführen lassen, wie die Blätter des Herbstes. Walter hat diese Jahreszeit geliebt, den Herbst. Die bunten Wälder, in denen die Herbstsonne die Farben der Blätter in großer Intensität erstrahlen lässt. Fast könnte man sagen, dass ihre Wärme das Leben aus ihnen herausliebt, bevor sie ihr bisheriges Leben loslassen und zu Boden sinken.	Krankengeschichte Gedanken über den Tod
Seit dem Frühsommer war er pflegebedürftig. Er wusste, dass *„nichts Ewiges auf Erden"* ist. Er wusste, dass er sterben wird. Er war vorbereitet, hat vorher alles Nötige geregelt und besprochen. Lange hat er gekämpft, am Ende hat er es still geschehen lassen. Sein Zuhause im Leben, hat er bei Ihnen, Frau N., gefunden. Die gemeinsame frühere Heimat in Ostpreußen mussten Sie beide verlassen. In N. und in K. haben Sie sich ein neues Zuhause geschaffen.	Zitat (Angehörige)

Vielleicht ist das Sterben nicht nur ein Weggehen, sondern ein Zurückgehen an den Heimatort der menschlichen Existenz. Sie, Frau R., haben ihn in dieser Zeit begleitet und sind nicht von seiner Seite gewichen. Dass Sie bei ihm bleiben, das war ihm am Ende das Wichtigste. Manchmal ist der Tod wie eine Erlösung aus dem Leben, das immer beschwerlicher wird. Und aus dem Körper, der Schmerz und Qual erleidet. Doch er wusste, egal was ist, Ihr Platz ist immer an seiner Seite, auch diesseits und jenseits der Grenze, die wir Tod nennen. Denn was Sie miteinander hatten, das kann Ihnen niemand nehmen.	Anklang an den Eingangstext
„Dass das Sterben so lange dauert“, hat er einmal gesagt. Wir haben es nicht in der Hand und der Dichter bringt es in dieses Bild: *„Halte Blatt, geduldig still, wenn der Wind dich will entführen.“* Immer wenn ein Mensch stirbt, erfahren wir die Macht des Todes. In der Trauer über seinen Tod erfahren Sie, dass nichts Ewiges auf der Erde ist.	Zitat (Verstorbener) Anklang an den Eingangstext
Nichts ist mehr wie vorher. Mit welchem Blick schauen Sie, liebe Angehörige auf den Tod Ihres Mannes, Vaters und Großvaters, des lange vertrauten Menschen? Mit welchem Blick schauen Sie auf die kommende Zeit? Wie kann es nach seinem Tod weitergehen, wie wird es weitergehen?	Offene Fragen
Es gibt diesen Blick in die Zukunft. Um gut weitergehen zu können, braucht es den Blick zurück, auf das gemeinsame Leben. Jedes Leben hat seine eigene Lebensgeschichte. Die Erinnerungen reichen soweit, wie dieses Leben dauert. Wenn ich jetzt einige Stationen seines Lebens nenne, dann sind es für Sie nicht nur Daten. Es sind die Wendepunkte in seinem Leben, Zeitabschnitte, die sich mit Ihren ganz eigenen Erinnerungen füllen.	Einleitung zum Lebenslauf

Ich möchte dies einleiten mit einem Text einer zeitgenössischen Dichterin. Sie schreibt über die Insel Lanzarote und ihre Erfahrungen mit der stillen kargen Landschaft. Walter R. kannte diese Landschaft und es zog ihn immer wieder dorthin. Vielleicht ist auch etwas von seinen Erfahrungen in den folgenden Worten mit ausgedrückt.	Einleitung neues Gedicht
Lanzarote oder Vom Primat der Regression *Ich mag es, dass die Dinge mich nicht fragen,* *sie schweigend meinem Sein entgegenstehn;* *so ist „entgegen" hier schon falsch zu sagen,* *vielmehr: ein Miteinander-in-die-Weite-Sehn.* *Doch stets drängt das Belebte sich dazwischen,* *in fremden Sprachen redet es mich an,* *um mir in hundert Zungen zuzuzischen,* *dass ich mich seinem Zugriff nicht entziehen kann.* *Drum flieh ich, wenn es irgend geht, in Felder* *aus Lava-Stein – nur dort finde ich Ruh* *(selbst noch die Stille tiefer Buchenwälder* *flüstert mir ungebeten ihr Geheimnis zu).* *Dort lieg ich dumpf auf dunklen, warmen Bänken* *aus starrer Schlacke, atme hörbar auf,* *lass Frieden mir vom Unbelebten schenken* *und nehme dann versöhnt das Leben neu in Kauf.* (Elsa Romfeld)	Gedicht

Walter R. wurde im Dezember 1925 in K. geboren. Er gehörte einer Generation an, die als junge Menschen den Zweiten Weltkrieg erlebten. Er selbst wurde 1942 zum Militär eingezogen, gerade Mal siebzehn Jahre alt. Seine Lehre zum Friseur musste er unterbrechen. Erst 1950 konnte er sie wieder aufnehmen. Die Jahre dazwischen haben ihn sicherlich geprägt. Als Soldat in Russland, danach fünf Jahre in russischer Gefangenschaft – man kann sich kaum vorstellen, wie viel Angst, Leiden und Sterben er in seinen jungen Jahren erlebt hat. Immer wieder drängen sich solche Erfahrungen auch im späteren Leben dazwischen, ihrem Zugriff kann man sich nicht entziehen. Als er aus Russland zurückkam, gab es die alte Heimat nicht mehr. Zum Glück fand er seine Eltern in K. wieder. Ein Junge war gegangen, ein Mann war zurückgekommen. Er beendete die Lehre und arbeitete in K. Anfang der Fünfziger Jahre lernte er Sie, Frau R. kennen. Ihr Heimatort in Ostpreußen war von seinem nicht weit, auch dieses gemeinsame Schicksal hat Sie zueinander gebracht. Aus dem Kennenlernen wurde eine Liebe und 1951 haben Sie dann geheiratet. Sie haben das Leben an Ihre Tochter Susanne weitergegeben und Sie, Frau N., gaben es weiter an Peter, den Enkel des Verstorbenen. Es ist der unumkehrbare Fluss des Lebens. Seine Arbeit brachte Ihre Familie Mitte der Sechziger Jahre nach B. Er war beruflich viel unterwegs. In der freien Zeit wollte er mit der Familie sein. Er genoss die regelmäßigen Spaziergänge, las viel, setzte sich mit Politik auseinander und verbrachte Zeit mit seinem Enkel, als dieser klein war. Mit seiner ersten Krebserkrankung änderte sich Ihr gemeinsames Leben. Auch dies war schon einmal eine bewegte Zeit, mit Hoffen und Bangen, mit Untersuchungen und Behandlungen. In solchen Zeiten brauchen Menschen einen Ruhepol. Und mir scheint, er hat ihn gefunden.	Persönlichen Daten

Die Herausforderungen des Alltags, eine Erkrankung, die Diskussionen und Konflikte, das Belebte, sind der eine Pol des Lebens. Ich habe mir vorgestellt, wie er auf dem Boden lag mit seinem Kopfhörer auf dem Kopf, um seine Musik zu hören. Er mochte Musik aus der ganzen Welt. Er hörte eine bewegte, lebendige Musik. Seine Musik begleitet heute auch den Abschied. Dann gibt es diesen anderen Pol, das Schweigen, in dem all diese Dinge nicht fragen, die Orte der Ruhe, an dem man sich dem Zugriff des Bedrängenden entziehen kann.	Bezug zur gespielten Musik Eine Szene, die die Angehörigen beschrieben haben.
Walter hat sich, gemeinsam mit Ihnen, Frau R., solche Orte geschaffen. Ihm war selten danach auszugehen. Lieber war er in Ihrem Ferienhaus, in dem sie fast ein Vierteljahrhundert die warme Saison verbrachten. Von April bis Oktober waren sie draußen, in der Natur, bei langen Spaziergängen und mit den Freunden. Alle Wege dort sind Sie unzählige Male gegangen. Sie kennen die Stille tiefer Buchenwälder, die voller Geräusch und Leben sind.	Anklang an das Gedicht
Oft sind Sie nach Lanzarote geflogen. Dort gibt es eine Stille, die von dem Unbelebten kommt, von den Feldern aus Lava, die schweigend dem Sein entgegenstehen. Und die Dichterin geht noch einen Schritt weiter, wenn sie sagt: Wer sich auf die Stille einlässt, erlebt sie als Verbündeten. Mit ihrer Hilfe kann man in die Weite sehen. Die Kraft der Stille hilft, das eigene Leben zu überblicken. In der Zeit der Rente bekam dieser andere Pol mehr Raum. Über zwanzig Jahre konnten sie auf diese Weise miteinander sein. Sie haben ihn mir beschrieben als einen Mann, der zufrieden war mit seinem Leben. Der es gelernt hatte, sich den Frieden von der Natur schenken zu lassen. Und der es gelernt hatte, nach dem Schmerzhaften, das er in jungen Jahren erlebt hat, sein Leben versöhnt neu in Kauf zu nehmen.	Aufnahme des Gedichts

Auch der Abschied heute zeugt von dieser Stille und Zurückgezogenheit. Es war sein Wunsch, die Feier heute so zu gestalten. Und der Moment der Stille, den wir jetzt gemeinsam halten, ermöglicht vielleicht auch Ihnen, liebe Angehörige, miteinander in die Weite sehen zu können. **Stille**	
Sich Frieden vom Unbelebten schenken lassen. Vielleicht bedeutet das Aufhören des Atmens im Sterben auch ein hörbares Aufatmen des Ewigen. Nur so können wir das Leben neu in Kauf nehmen und erlauben, dass der Frühling wieder kommt. Es ist Februar, und der Frühling steht ja tatsächlich vor der Tür. Langsam erwacht mit neuer Energie das Leben. Auch dieser Wandel gehört in den Kreislauf des Lebens.	Anklang an das Gedicht
Ich bin so frei, den Eingangstext von Hesse abzuwandeln, denn: *„Auch der härteste Winter will einmal Frühling und neue Lebendigkeit spüren."*	Aufgreifen des Eingangstextes
Walter R. ist gestorben. Das Rätsel, was im Sterben wirklich geschieht, ist nicht zu lösen. Dieses Wissen macht frei – nicht Verstehen zu wollen, sondern sich berühren zu lassen und den leisen Stimmen im eigenen Inneren zu folgen.	Abschluss Zuspruch

Ich wünsche Ihnen die Gewissheit, dass Walter R. im Sterben bereit war, dem letzten Ruf des Lebens zu folgen, sich nicht mehr zu wehren und es still geschehen zu lassen. Ich wünsche Ihnen die Gewissheit, dass wir alle im Leben und im Sterben, in allen schwierigen Zeiten und in allen Zeiten der Trauer und des Schmerzes unendlich sanft getragen und geleitet sind. Dieses Wissen des Herzens möge Ihnen die Kraft geben, in eine Welt hineinzugehen, in der sie die Trauer um ihn spüren und gleichzeitig die Freude und die Dankbarkeit, mit ihm gelebt zu haben.	Anklang an den Eingangstext von Hesse
Musik: From Behind the Hills (Prem Joshua – Desert Visions)	(instrumental)

6. Prüfsteine für Trauerreden

Zusammenfassung

Der Anteil nicht konfessioneller Bestattungen nimmt weiter zu. Je häufiger nichtkirchliche Trauerfeiern stattfinden, desto differenzierter werden Trauerredner wahrgenommen. In der Folge steigen die Ansprüche der vermittelnden Bestattungsunternehmer und der Auftraggeber. Nichtkirchliche Feiern sind keiner Tradition verpflichtet und sind ohne Vorgaben. Die Kriterien für die Beurteilung freier Redner müssen aus der Tätigkeit selbst heraus entwickelt werden. Da sich jeder von heute auf morgen Trauerredner nennen kann, ohne eine Ausbildung, Fortbildung, Prüfung oder Zulassung, sind Qualitätskriterien zu definieren. Sie helfen dem Bestatter und den Angehörigen, die Arbeit eines Redners einschätzen zu können.

Bereits tätige Redner können die Kriterien als Hinweise nehmen, ihre Arbeitsweise zu reflektieren und zu übernehmen, was für sie Sinn macht. Wer überlegt, selbst als Redner tätig zu werden, bekommt einen Überblick über die Anforderungen für eine verantwortungsvolle Ausübung dieser Tätigkeit. Nur ausreichend qualifizierte Trauerredner werden in Zukunft eine Chance haben, beruflich Fuß zu fassen.

Die Schriftstellerin Ruth Klüger fordert von der Literatur „den haltbaren Satz im Bimbam der Worte". Den „haltbaren Satz" brauchen Menschen auch in der Trauerfeier. Die Trauernden können den Verstorbenen nicht halten. Der Wert der Trauerrede für den Abschied wird erst in der Trauerhalle und nach der Trauerfeier spürbar. Die Worte der Trauerrede erhalten ihre Bedeutung, wenn die Angehörigen in den Erinnerungen und Bildern einen Halt finden.

Trauerreden können nicht nur aufgrund ihrer Schriftform bewertet werden. Ein Manuskript sagt nur begrenzt etwas darüber aus, ob der Beziehungsaufbau mit den Angehörigen gelungen ist, ob die Adressaten erreicht und ihr Sprache getroffen wurden. Die Schriftform kann man einer sprachlichen und literarischen Analyse unterziehen. Das gesprochene Wort und die reale Sprechsituation aber gehen darüber hinaus. Eine individuell und reflektiert vorbereitete Rede wird ihre Wirkung eher entfalten als eine Rede von der Stange der vielen kursierenden Muster- und Bausteinreden.

Sterben ist neben der Geburt eines Kindes das tiefgreifendste Ereignis in einer Familie. Es ist eine Lebenswende, die verunsichert und das bisherige Beziehungsgefüge verändert. Der Verstorbene muss von einer äußeren Wirklichkeit in eine rein innere

Wirklichkeit hineingenommen werden. In der Perspektive der Soziologie, die das soziale Zusammenleben der Menschen in Gemeinschaften und Gesellschaften untersucht, ist das Begräbnis umschrieben als ein Ritual, in dem sich eine Gesellschaft oder eine Familie nach dem Tod eines ihrer Mitglieder neu festigt. In den rituellen und symbolischen Formen des Begräbnisses geht es um die Achtung gegenüber dem Verstorbenen, den Ausdruck von Trauer und den Umgang mit der emotional näher gerückten Unwägbarkeit des eigenen Sterbens, die Angst vor dem Tod, die Trennung vom Körper des Verstorbenen und die Erhaltung des Verstorbenen in der Gemeinschaft durch das Erinnern. Die Trauerrede muss im Zusammenhang mit diesen grundlegenden Funktionen der Trauerfeier und des Begräbnisses als Übergangsritual gesehen werden, als Schnittstelle für die Lösung von dem Verstorbenen und die Neubildung der Gemeinschaft.

In der folgenden Übersicht sind die in diesem Buch ausführlich behandelten Kriterien zusammengefasst.

Trauerhilfe

Hilfreich ist eine Trauerfeier, wenn sie bewusst im Hinblick auf ihre Funktion als Übergangsritual gestaltet wird. Die Trauerrede muss sich in diesem Zusammenhang bewähren und folgende Aspekte einschließen:

- Eingehen auf die Bedeutung des Todes des Mitgliedes einer Familie und einer Gemeinschaft.
- Eingehen auf die Veränderungen, die der Tod auslöst. Den Tod mit in das Leben einbeziehen.
- Die teilnehmenden Menschen in ihrer Zugehörigkeit zu ihrer Familie und zu anderen wichtigen Gemeinschaften sehen.
- Der Trennung in etwas Größeres einbinden. Das kann der religiöse Verstehenshorizont der Angehörigen und/oder des Verstorbenen sein oder das Benennen des Geheimnisses des Lebens oder das Werden und Vergehen als Strom des Lebens, an dem alles Lebendige Anteil hat. Rückblick auf das gemeinsame Leben.
- Den Verstorbenen wertschätzen. Die Gaben und Leistungen des Verstorbenen und seinen Beitrag für die Gemeinschaft würdigen.
- Der trauernde Mensch erfährt sich unter anderen Menschen mit ähnlichen Gefühlen und Fragen. Diesen Beistand als eine wichtige Lebenserfahrung benennen.

- Demütig werden angesichts der eigenen Endlichkeit. Die Realität des Todes bewusst machen als conditio humana, als Bedingung des Menschseins und als Teil der Natur des Menschen.
- Einen Rahmen geben, Gefühle auszudrücken, ohne dass diese endlos sein müssen.
- Ein ausgewogenes Verhältnis zwischen Allgemeinem und Besonderen schaffen, zwischen der unverwechselbaren Einzigartigkeit eines Menschen und seinem Eingebundensein in die Abfolge unzähliger Generationen von Menschen auf dieser Erde.
- Hat der Trauerredner Kompetenzen in der Trauerbegleitung?
- Hat der Redner einen sensiblen Umgang mit „Familiengeheimnissen" oder dem Scheitern in der Biografie des Verstorbenen?
- Beschönigt er oder führt er unwichtige Details auf?
- Berücksichtigt er, dass der Verstorbene innerhalb der Gegebenheiten seiner Biografie sein Bestes versucht und gegeben hat?
- Werden die Angehörigen unterstützt, einen persönlichen und würdigen Abschied zu finden?

Beziehungsaufbau

- Gehört zur Arbeitsweise des Redners standardmäßig ein persönliches Vorgespräch?
- Ist spürbar, dass er im Vorgespräch eine Beziehung zu den Angehörigen aufgebaut hat?
- Ist der Redner rechtzeitig vor der Trauerfeier da, nimmt er Kontakt zu den Angehörigen auf?
- Ist der Kontakt zum Friedhofspersonal und zum Bestatter freundlich und kooperativ?
- Hat die Rede einen ansprechenden Charakter? An wen ist sie gerichtet und werden die Menschen direkt angesprochen?

- Hat der Redner während der Ansprache Blickkontakt mit den Trauergästen oder liest er nur vom Manuskript ab?
- Geht er bei einer kleinen Trauergemeinschaft näher zu den Menschen und spricht ohne die Barriere eines Rednerpultes?

Inhalte

- Werden Standardreden verwendet oder gestaltet der Redner die Reden individuell?
- Ist der Aufbau der Rede ersichtlich? Ist ein inhaltlicher „roter Faden" erkennbar? Sind die Aussagen nachvollziehbar? Gibt es einen Spannungsbogen in der Rede? Wird die Spannung aufgelöst?
- Ist die Rede aus einem Guss, mit passenden Überleitungen zu neuen Teilen? Oder sind nur beliebige Bausteine und Zitate aneinandergereiht?
- Wie persönlich geht die Rede auf den Verstorbenen und sein Umfeld ein?
- Setzt die Rede die Lebenden und die Toten zueinander in Beziehung?
- Schützt die Rede die Integrität der Toten und der Lebenden? Oder werden Wertungen ausgesprochen?
- Wie geklärt wirkt der Redner in Bezug auf persönliche Erfahrungen von Verlust und Abschied? Welche Haltung zu Tod und Trauer ist bei ihm spürbar?
- Welche Rückmeldungen geben die Kunden? Waren Sie mit der Begleitung zufrieden? Finden sie sich und das Leben der Verstorbenen in der Rede wieder?
- Werden in der Rede nur biografische Daten verlesen oder hat die Rede einen „ansprechenden" Charakter?
- Ist zu spüren, dass der Redner jederzeit begründet spricht, d.h. Worte, Bilder und Stilelemente bewusst wählt?

Sprache

- Spricht der Redner deutlich und laut genug?
- Ist sein Sprechtempo der Situation angemessen?
- Entspricht die Rede dem Sprachniveau der Anwesenden?

- Kennt er den eigenen Text und formuliert er ihn in einer Weise, dass die Zuhörenden die Inhalte verstehen können.
- Macht er an passenden Stellen Pausen, um das Gesagte wirken zu lassen?
- Spricht er natürlich und umgangssprachlich, oder hört es sich gekünstelt oder theatralisch an?
- Wahrt der Redner sprachlich die Distanz zu den Trauernden?

Vermeidung von Fehlern

Der größte Fehler, den ein Redner begehen kann, ist, nicht zu seinem Fehler zu stehen. Durch einige Vorsichtsmaßnahmen lassen sich Fehler weitgehend reduzieren:

- Die Namen und Daten im Auftrag sorgfältig aufnehmen.
- Bereits im Gespräch nach der Aussprache komplizierter Namen fragen und sich in Lautschrift notieren.
- Ausreichend Zeit für die Vorbereitung der Rede einplanen.
- Stress vermindern, indem ausreichend Zeit für die Anfahrt zum Friedhof und vor Beginn der Feier eingeplant wird.
- Die Sprache frei halten von abgegriffenen Floskeln.
- Sich beim Schreiben auf das Wesentliche konzentrieren.
- Kurze und wohl geformte Sätze bilden.
- Die eigene Sprache der Sprache der Angehörigen anpassen.
- Zur besseren Verständlichkeit Wiederholungen einbauen und anschaulich in Bildern sprechen.
- Behauptungen vermeiden. Behauptungen fordern Gegenbehauptungen heraus.
- Die Aufzeichnungen bei sich haben, um jederzeit darauf zurückgreifen zu können.
- Sich vor der Trauerfeier anhand der Aufzeichnungen noch einmal über den Verstorbenen und die Zusammenhänge in der Familie vergewissern.

- Bei Unklarheiten die Angehörigen vor der Trauerfeier ansprechen und fragen.
- Sich bewusst sein, dass die Rede nicht wiederholbar ist.
- Auch bei aller Vorsicht kommt es vor, dass ein Name oder ein Zusammenhang falsch aufgenommen wurde. Wenn der Redner im Kontakt mit den Trauergästen präsent ist, wird er die Irritation im Publikum wahrnehmen. Es ist durchaus legitim, die Rede zu unterbrechen und nachzufragen, was die Irritation ausgelöst hat. Er kann sich für den Fehler entschuldigen und den Passus in der richtigen Form wiederholen.

7. Praktische Fragen

Der Bestatter als Trauerredner

Immer häufiger nehmen Bestatter selbst die Rolle des Trauerredners ein. Dazu gibt es naheliegende Gründe: der Kontakt zu den Angehörigen besteht bereits, der Termin der Feier und ihre Gestaltung muss mit einer Person weniger koordiniert werden, eine zusätzliche Einnahmequelle wird erschlossen. Viele Bestatter reizt die Aufgabe, eine Feier nicht nur zu organisieren, sondern sie inhaltlich mit zu gestalten. Doch nicht jedem liegt es, selbst am Redepult zu stehen und öffentlich vor einem Publikum zu sprechen. Die Rolle des Bestatters und die Rolle des Redners unterscheiden sich voneinander und erfordern unterschiedliche Kompetenzen.

Das Beratungsgespräch, das eine Bestatterin führt, bringt mit seiner Informationsfülle und den zu treffenden Entscheidungen die Angehörigen an die Grenzen ihrer Aufnahmefähigkeit. Ein Gespräch zur Vorbereitung einer Trauerrede benötigt einen zusätzlichen Termin. Oft werden von den Bestattungspflichtigen weitere Familienangehörige, Freunde oder Nachbarn hinzu gebeten. In beiden Gesprächen sind die Angehörigen durch das Sterben eines nahen Menschen in einer emotionalen Ausnahmesituation, der Charakter des Gesprächs ist jedoch ein anderer. Der Schwerpunkt im Beratungsgespräch als Bestatter liegt bei den Entscheidungen zu Bestattungsarten, Orten, Terminen, Abläufen, Kosten sowie bei den notwendigen Urkunden und Unterschriften. Im Vorgespräch für eine Trauerrede dagegen stehen die Beziehungen eines Menschen, seine Lebenserfahrungen, seine Biographie, seine Träume und die Deutung des Todes im Mittelpunkt

In den kleinteiligen Arbeitsabläufen eines Bestattungsinstitutes muss ein eigenes Zeitfenster eingeplant werden, während dessen man ungestört von Telefonaten und den Rückfragen der Mitarbeitenden an einer Rede arbeiten kann. Zu bedenken ist auch, dass sich Angehörige in der Regel nicht trauen werden, dem Bestatter zu sagen, dass sie ihn in der Rolle als Bestatter sehr wohl schätzen, ihn aber nicht als Redner haben möchten. Hat der Bestatter Feingefühl, wird er sich in dieser Frage nicht aufdrängen, sondern beraten und den Angehörigen eine Wahlmöglichkeit lassen. Während der Trauerfeier ist es eine Überforderung, auf alle organisatorischen und inhaltlichen Aspekte achten zu müssen und nahtlos von der Rolle des Bestatters in die Rolle des Redners und zurück zu wechseln. Ein zusätzlicher Redner kann als weiterer Ansprechpartner für die Angehörigen den Bestatter entlasten.

Weitergabe der Rede

Da es bei kirchlichen Beerdigungen nicht üblich ist, dass der Pfarrer ein Redemanuskript aushändigt, erwarten dies die Angehörigen nicht. Es gibt jedoch eine Reihe von Gründen, die für die Weitergabe der Traueransprache sprechen. Der Redner, der den Angehörigen ankündigt, dass er nach der Trauerfeier die Rede zum Nachlesen aushändigt, gibt mehr als die Angehörigen erwarten. Dies wird in der Regel mit einem Vorschuss an Vertrauen belohnt. Mit dem Manuskript gibt der Redner den Menschen das wieder zurück, was diese ihm anvertraut haben. Von der Warte des Redners aus gesehen, löst er sich von der „Geschichte", gibt sie den Angehörigen wieder zurück und belässt alles weitere bei ihnen. Während der Feier hören die Trauernden nicht immer zu. Sie schweifen mit ihren Gedanken zu eigenen Erinnerungen ab und erinnern sich nur noch bruchstückhaft an das Gesagte. Wenn sie die Rede erhalten, können sie noch einmal nachlesen, was sie berührt hat und darin Unterstützung finden. Angehörige können die Rede an Menschen weitergeben, die selbst nicht bei der Trauerfeier anwesend sein konnten. Über die Rede kommen die Menschen ins Gespräch und können gemeinsam trauern. Darüber hinaus wird die Rede, mit den eigenen Kontaktdaten versehen, ohne viele Worte zum Werbe- und Kommunikationsmittel des Trauerredners. Anders als eine Visitenkarte oder ein Faltblatt, wird das Manuskript der Ansprache über viele Jahre hinweg aufgehoben.

Wer individuelle Feiern gestaltet, braucht keine Sorge zu haben, dass die Rede in die Hände von Mitbewerbern gerät und von diesen verwendet wird. Obschon sich andere vom Schema der Rede, von schönen Gedichtstexten oder gelungenen Formulierungen anregen lassen, ist doch ein geschriebenes Wort immer etwas anderes als ein mit der persönlichen Ausstrahlung gesprochenes Wort. Es gehört zu den Kompetenzen eines guten Redners, das Gespräch mit einer Familie in eine passende Traueransprache umzusetzen. Die Rede hat immer einer persönlich Note. Wer allgemein redet, muss Angst haben, dass er kopiert wird. Wer persönliche Ansprachen hält, kann nicht kopiert werden.

Abrechnung und Steuern

Honorar

Voraussetzung für eine persönliche Traueransprache ist das Gespräch mit den Angehörigen. Um Vertrauen aufzubauen, Lebensthemen vertieft besprechen zu können, auf die Trauer der Angehörigen einzugehen und die notwendigen Informationen zu erfragen, benötigt der Redner Zeit. Für die Ausarbeitung einer individuellen Ansprache sind zwei bis drei Stunden anzusetzen. Dazu kommen die Fahrzeiten zum Gespräch und zur Feier. Das Honorar wird meist pauschal berechnet. Manche Redner sind dazu übergegangen, nach einem Stundensatz abzurechnen, die Fahrtkosten gesondert in Rechnung zu stellen oder Zuschläge für Termine am Wochenende oder abends zu nehmen.

Als Aufwendungen sind im Honorar enthalten:

- das persönliches Vorgespräch mit An- und Abfahrt
- die Vorbereitung der Trauerrede
- die Recherche nach Musik oder Texten
- die Durchführung der Trauerfeier mit An- und Abfahrt
- Nebenkosten wie Telefongebühren und Portoauslagen

Die Arbeitsweise eines Redners spiegelt sich in dem kalkulierten Honorar wider. Mit den Einnahmen muss auch die Infrastruktur mit Computer, Telefon und Fahrzeug abgedeckt werden. Die Einnahmen zur persönlichen Lebensführung sind das, was unter dem Strich übrig bleibt. Naturgemäß hat derjenige einen geringeren Zeitaufwand, der im Gespräch mit den Angehörigen ein Frageraster abarbeitet und standardisierte Redevorlagen verwendet. Wer jedoch die Arbeit als Trauerredner in der hier vorgestellten Weise durchführt, hat einen Zeitaufwand von sechs bis zehn Stunden pro Trauerfeier.

Umsatzsteuer

Die Tätigkeit als Trauerredner ist umsatzsteuerpflichtig. Nachdem einige Finanzämter einen ermäßigten Mehrwertsteuersatz von 7 % (5 % vom 01.07.2020 bis 31.12.2020) befürwortet hatten, wurde der ermäßigte Steuersatz am 21. Oktober 2009 vom Bundesfinanzhof (BFH) abgelehnt (Urteil V R 8/08). Die obersten Finanzbehörden des Bundes und der Länder haben 2012 miteinander eine einheitliche Gesetzesauslegung abgestimmt. In einer bundesweit gültigen Verwaltungsanweisung vom 9.2.2012 (S 7240 A – 24 – St 112) wurde geregelt, dass für Trauerreden der Mehrwertsteuersatz von 19 % (16 % vom 01.07.2020 bis 31.12.2020) zu erheben ist. In einem weiteren Verfahren stellte der Bundesfinanzhof fest, dass sowohl Trauerredner aus auch Hochzeitsredner den ermäßigten Steuersatz für ausübende Künstler in Anspruch nehmen können, sofern eine eigene, kreative Leistung vorliegt (Urteil vom 3.12.2015 (V R 61/14) Schablonenhafte Redetätigkeiten sind nicht begünstigt. Der BFH hob das Urteil des Finanzgerichts (FG) auf und verwies die Sache zur weiteren Sachaufklärung an das FG zurück. Seitdem werden Rednerinnen und Redner unterschiedlich behandelt. Einige Finanzämter akzeptieren die 7 % (5 % vom 01.07.2020 bis 31.12.2020) ohne weitere Nachprüfung, in anderen Regionen müssen Rednerinnen und Redner vor dem Finanzgericht den ermäßigten Steuersatz gegen das zuständige Finanzamt einklagen. In einem Fall schloss sich der BFH 2018 (XI R 36/17) dem Urteil des Finanzgerichts Rheinland-Pfalz 2017 (3 K 1461/16) an und lehnte die Klage der Rednerin ab. Wer das zuständige Finanzamt vorgerichtlich nicht überzeugen kann, muss den Klageweg gehen und dem Gericht glaubhaft vermitteln, dass die eigene Redetätigkeit geprägt ist von einer eigenschöpferische künstlerische Leistung mit besonderer Gestaltungskraft.

Manche Trauerredner arbeiten auf Basis der Kleinunternehmerregelung und sind deshalb von der Umsatzsteuer befreit. Als Kleinunternehmer gelten Unternehmer, deren Umsatz im vorangegangenen Jahr einen Betrag von 22.000 Euro (bis 2019: 17.500 Euro) nicht überstiegen hat und deren Umsatz im laufenden Jahr 50.000 Euro voraussichtlich nicht übersteigen wird. Beide Voraussetzungen müssen gegeben sein. Allerdings können Kleinunternehmer keine Vorsteuer gegenüber dem Finanzamt geltend machen. Auf den Rechnungen entfällt der Ausweis der Umsatzsteuer sowie der Umsatzsteuer-Identifikationsnummer. Ergänzt werden muss dagegen der Hinweis auf die Kleinunternehmerregelung. Entscheidet sich ein Kleinunternehmer für die Umsatzsteuer, muss er dies gegenüber dem Finanzamt erklären. Seine Entscheidung bindet ihn für fünf Jahre. Werden die oben genannten Umsatzgrenzen überschritten, muss der Unternehmer zwingend auf seine Umsätze Umsatzsteuer erheben.

Gewerbesteuer

Normalerweise werden Selbstständige als Gewerbetreibende angesehen und müssen Gewerbesteuer bezahlen (§§ 15-17 EStG). Gewerbetreibende müssen ihr Gewerbe beim zuständigen Gewerbeamt anmelden. Ausgenommen von dieser Regelung sind die Freien Berufe. Zu den „Dienstleistungen höherer Art", wie man die Freien Berufe bezeichnet und die meist ein Studium voraussetzen, zählen neben den so genannten Katalogberufen (Journalisten, Steuerberater, Ärzte, Rechtsanwälte, Ingenieure etc.) auch sonstige wissenschaftliche, künstlerische, schriftstellerische, unterrichtende und erzieherische Tätigkeiten. Freiberufler müssen beim zuständigen Finanzamt ihre Selbständigkeit anzeigen und eine Steuernummer beantragen. Die Einkünfte aus selbstständiger Tätigkeit sind in § 18 EStG geregelt. Der Beruf des Trauerredners wird in der Liste der freiberuflichen Tätigkeiten jedoch nicht explizit genannt. Deshalb muss der Trauerredner das Finanzamt davon überzeugen, dass er eine freiberufliche Tätigkeit ausübt.

In einem Urteil des Niedersächsischen Finanzgerichts (Urteil vom 24.3.2004, AZ 2K 2/03) wird die Tätigkeit als Trauerredner als künstlerische und nicht als gewerbliche Tätigkeit eingestuft. Eine Rednerin konnte nachweisen, dass ihre Reden individuell auf den Verstorbenen und die jeweiligen Angehörigen zugeschnitten waren und sie keine Redeschablonen verwendet hat. Im Zweifelsfall gelingt der Nachweis gegenüber dem Finanzamt durch Manuskripte von individuellen Trauerreden, entsprechende Danksagungen von Angehörigen und die Bestätigung der individuellen Arbeitsweise durch Bestattungsunternehmen sowie der Hinweis auf das persönliche Gespräch vor der Trauerfeier. Wer dagegen immer die gleiche Trauerrede vorträgt oder Redeschablonen verwendet, muss ein Gewerbe anmelden und Gewerbesteuer zahlen.

Versicherung

Künstlersozialkasse und Künstlerverwertungsabgabe

Mit der Künstlersozialversicherung haben seit 1983 selbstständige Künstler und Publizisten die Möglichkeit, in die gesetzliche Sozialversicherung einbezogen zu werden. Dass bedeutet, dass Künstler und Publizisten, ähnlich wie Arbeitnehmer, nur etwa die Hälfte ihrer Beiträge selbst zahlen müssen. Die andere Beitragshälfte wird durch einen Bundeszuschuss und eine Abgabe der Unternehmen finanziert, die künstlerische und publizistische Leistungen verwerten. Diese Abgabe heißt Künstlerverwertungsabgabe.

Die Möglichkeit von Trauerrednern sich über die Künstlersozialkasse (KSK) zu versichern war schon seit Jahren umstritten. Zunächst wurden Trauerredner problemlos aufgenommen. Dann versuchte die KSK vor einigen Jahren mit einer engen Auslegung der Kriterien, die Trauerredner draußen zu halten. Ein Urteil des Bundessozialgerichts vom 23.3.2006 (Aktenzeichen B 3 KR 9/05 R) verpflichtete die KSK, Trauerredner aufzunehmen, sofern sie die anderen Kriterien, wie Umfang der Tätigkeit etc. erfüllten.

Auf der anderen Seite waren Bestattungsunternehmen verpflichtet, die Künstlersozialabgabe an die KSK abzuführen, selbst wenn der Trauerredner, den sie beauftragten oder vermittelten, selbst nicht bei der Künstlersozialkasse versichert war und mit den Angehörigen selbst abrechnete. Einzige Ausnahme war der sogenannte Gelegenheitsnachweis, also ein Hinweis auf verschiedene Trauerredner, wenn der empfehlende Bestatter weder etwas mit der Vertragsabwicklung noch mit der Bezahlung zu tun hatte.

Am 1.12.2011 hat der Bundestag das Künstlersozialversicherungsgesetz in einem Detail geändert, das Auswirkungen auf die Trauerredner und Bestatter hat. Die weite Auslegung des Begriffes Publizist aus dem Urteil des Bundessozialgerichts von 2006 wurde wieder eingeschränkt. Die Gesetzesänderung trat am 1.1.2012 in Kraft. Trauerredner werden nicht mehr in die KSK aufgenommen. Gleichzeitig entfällt die Verpflichtung zur Künstlerverwertungsabgabe für Bestatter.

Urheberrechte

Urheberrecht Musik

Während bei kirchlichen Begräbnisfeiern oft noch Lieder aus dem Gesangbuch gesungen werden, überwiegt bei nichtkirchlichen Trauerfeiern Live-Musik oder Musik von einem Datenträger, sei es eine Original-CD, aus dem Internet heruntergeladene oder kopierte Musikstücke, auf eine CD gebrannt, einen USB-Stick kopiert oder über einen Streamingdienst bereitgestellt. Die technischen Möglichkeiten sind vielfältig. Die Urheber der Musik, die Musiker und Komponisten, haben ein Recht auf Bezahlung, wenn ihre Musik öffentlich gespielt wird. In der Regel vertritt die GEMA (Gesellschaft für musikalische Aufführungs- und mechanische Vervielfältigungsrechte) die Rechte der Urheber, an die die Lizenzvergütungen für die Aufführung urheberrechtlich geschützter musikalischer Werke abgeführt werden muss. Diese verteilt sie nach einem komplexen Verteilerschlüssel an die Urheber.

Der Vergütungssatz für die Nutzung von Werken des GEMA-Repertoires bei Bestattungen beträgt aktuell 18,00 € je Bestattung zzgl. 7 % (5 % vom 01.07.2020 bis 31.12.2020) Umsatzsteuer (Tarif WR-Best). Die Einwilligung ist rechtzeitig vorher einzuholen. Mitglieder von Organisationen (Kirchen, Bestatterverbände), mit denen die GEMA einen Gesamtvertrag für diesen Tarif geschlossen hat, wird ein Nachlass entsprechend den gesamtvertraglichen Bestimmungen eingeräumt. In der Regel muss sich der Trauerredner nicht um die Vergütung kümmern. Zuständig sind die Angehörigen, die die Trauerfeier in Auftrag geben. Da diese das Bestattungsunternehmen mit der Durchführung beauftragen, liegt es im Aufgabenbereich des Bestatters, dass die Musikrechte beachtet werden. Immer wieder wird auch darauf hingewiesen, dass die Trauerfeier eine private, nicht öffentliche Veranstaltung ist. Veranstaltungen im engsten Familien- oder Freundeskreis, z. B. Geburtstagsfeiern und Hochzeiten sind nach dem Öffentlichkeitsbegriff des Urheberrechts nicht öffentlich und daher nicht vergütungspflichtig.

Urheberrecht Texte

Der Redner muss entscheiden, ob er die schriftlich ausformulierte Rede an die Angehörigen aushändigt. Damit sind jedoch keine weiteren Rechte der Angehörigen verbunden. Der Urheber der Traueransprache ist der Redner. Möchten die Angehörigen das Manuskript für andere als private Zwecke nutzen, benötigen Sie die Zustimmung des Redners.

Die Urheberfrage stellt sich ebenso, wenn in der Rede Sprichworte, Gedichte oder Prosa-Texte verwendet werden. Diese Texte werden in der Regel als Zitat in die Rede aufgenommen. Die Verwendung von Zitaten ist gestattet, ohne dass eine Erlaubnis des Urhebers eingeholt oder diesem eine Vergütung gezahlt werden muss, wenn bestimmte Regeln beachtet werden. Ein Zitat wird durch eine Quellenangabe oder einen Literaturnachweis belegt, der Autor genannt und die genaue Fundstelle angegeben. Zitate dürfen nicht verändert werden, sie können jedoch gekürzt werden, wenn die Kürzung den Sinn nicht entstellt.

Das Kleinzitat ist erlaubt, wenn einzelne Stellen eines fremden Werkes in ein eigenes Werk übernommen werden. Hier ist das Verhältnis der Länge des Zitates zur Länge des zitierten Werkes entscheidend. Trauer- oder Trostsprüche können oft keinem verstorbenen oder lebenden Autor zugewiesen werden und sind daher wie Sprichwörter zu betrachten. Auch wenn ein Name genannt wird, meist ein bekannter Philosoph, Dichter oder Kirchenvater, ist nicht garantiert, dass das Zitat auch authentisch ist. Ob eine Redewendung oder ein Spruch geschützt ist, lässt sich nicht immer einfach beantworten. Bei manchen Sprüchen ist in vielen Fällen die urheberrechtlich geforderte Schöpfungshöhe nicht erreicht. Ohne Probleme zitiert werden können gemeinfreie Werke, also Texte, deren Schöpfer bereits 70 Jahre tot ist. Dann ist der Urheberrechtsschutz abgelaufen.

Weiterführende Literatur

Buzan, Tony: Buzan, Barry (2005): Das Mind-Map-Buch. Die beste Methode zur Steigerung ihres geistigen Potenzials. – 5. aktualisierte Auflage, Mvg-Verlag.

Deshazer, Steve (2004): Der Dreh. Überraschende Wendungen und Lösungen in der Kurzzeittherapie. – 8. Auflage, Carl-Auer-Systeme-Verlag.

Dirks, Thorsten (2009): Ich, du, er, sie, es und wir: wie wir kommunizieren werden. Murmann-Verlag.

Heucke, Thomas (2008): Genogramm und Familienstellen, das innere Bild der Familie als Quelle heilender Kraft. Param-Verlag .

Koschel, Christine; von Weidenbaum, Inge ; Münster, Clemens (Hrsg.) (1993): Bachmann, Ingeborg: Werke. Piper-Verlag. Zitat: IV, S. 276.

McGoldrick, Monica und Gerson, Randy (2000): Genogramme in der Familienberatung. – 24. Auflage, Huber Hans Verlag.

Kachler, Roland (2009): Meine Trauer wird dich finden! Ein neuer Ansatz in der Trauerarbeit. – 9. Auflage, Kreuz-Verlag.

Kindl-Beilfuß, Carmen (2008): Fragen können wie Küsse schmecken. Systemische Fragetechniken für Anfänger und Fortgeschrittene. – Carl-Auer-Systeme-Verlag. (besonders Punkt 3: Das biografische Interview).

Korittko, Alexander; Pleyer, Karl Heinz (2010): Traumatischer Stress in der Familie. Systemtherapeutische Lösungswege. Verlag Vandenhoeck & Ruprecht.

Kossert, Andreas (2008): Kalte Heimat: Die Geschichte der deutschen Vertriebenen nach 1945. – 4. Auflage, Siedler-Verlag.

Kratz, Hans-Jürgen (2006): Wirkungsvoll reden lernen. Rhetoriktraining in 10 Schritten. Walhalla U. Praetoria.

Christopher Leach (1990): Abschied nehmen. Ein Vater trauert um seinen Sohn. Kösel-Verlag.

Levine, Stephen (1999): Wege durch den Tod, Who dies. Kamphausen-Verlag.

Sander, Helke und Johr, Barbara (Hrsg.) (2008): BeFreier und Befreite: Krieg, Vergewaltigung, Kinder. – 3. Auflage, Fischer Taschenbuch Verlag.

Madert, Karl-Klaus (2007): Trauma und Spiritualität: Wie Heilung gelingt. Neuropsychotherapie und die transpersonale Dimension. Kösel-Verlag.

McGoldrick, Monica; Gerson, Randy (2005): Genogramme in der Familienberatung. – 2. aktualisierte Auflage, Huber-Verlag.

Morgenthaler, Christoph (2005): Systemische Seelsorge: Impulse der Familien- und Systemtherapie für die kirchliche Praxis. – 4. Auflage, Kohlhammer-Verlag.

Morgenthaler, Christoph (1994): Trauer und Familie. Eine familiendynamische Sicht der Seelsorge an Trauernden. In: Wege zum Menschen, 46/1994, S. 310-329.

Ulsamer, Bertold (1999): Ohne Wurzeln keine Flügel. Die systemische Therapie von Bert Hellinger. München.

Von Kanitz, Anja (2008): Gesprächstechniken. – 3. Auflage, Haufe-Verlag.

Wagner, Karl (2001): Die Feier der Beerdigung. – Herder-Verlag.

Wittgenstein, Ludwig (2009): Tractatus logico-philosophicus. Tagebücher 1914 – 1916. Philosophische Untersuchungen. – Neuauflage, Suhrkamp-Verlag.

Weiterführende Webseiten

Texte und Musik

https://www.lyricsbox.com (Liedtexte)

https://musikguru.de (Liedtexte)

https://www.gedichte-fuer-alle-faelle.de/trauergedichte (Gedichte)

http://www.treklang.de/Segen.htm (Segenstexte)

https://www.uni-bielefeld.de/lili/personen/useelbach/STUD/trauersprueche.html?__xsl=/lili/lili_print.xsl (Trauersprüche)

https://www.aeternitas.de/inhalt/trauermusik/titel_themen (Musik)

Konzeption und Sprache

https://synonyme.woxikon.de/

https://www.wie-sagt-man-noch.de

https://www.korrekturen.de

https://www.korrekturen.de/beliebte_fehler.shtml

https://www.umrechnung.org/exaktes-alter/wie-alt-bin-ich-genau.htm (Ermittlung des Alters)

https://www.mindmeister.com/de (Mindmap)

Institutionen

https://www.kuenstlersozialkasse.de (Künstlersozialkasse)

https://www.gema.de (Gesellschaft für musikalische Aufführungs- und mechanische Vervielfältigungsrechte)

Fortbildung

https://trauerreden-campus.de/

https://fachberatung-trauerfeier.de/

https://trauerreden-check.de/